高职高专系列教材

企业文化概论

主　编　王　薇　郝书俊　史晓英

副主编　闫彩玲　张　诺　谭　诚

参　编　吕贵鑫　赵　静　刘　娟　王伟青

机　械　工　业　出　版　社

本书介绍了企业文化在整个企业管理中不可替代的作用，通过对企业文化各个层次内容的深度解析，将企业文化的内涵展现得淋漓尽致。本书摆脱复杂的章节设计，将企业文化的内容以更简练的方式呈现。

　　本书分为 7 章，涉及企业文化概述、企业精神文化、企业制度文化、企业行为文化、企业物质文化、中国特色企业文化及跨文化管理等内容。各章包含引导案例、基本内容、案例分析、本章小结、同步测试、职业实训等部分。

　　本书可作为高职高专经济管理类相关专业的教材，也可作为应用型本科、成人本科院校的教材，同时也可作为企事业单位管理者及相关爱好者的培训资料。

图书在版编目（CIP）数据

企业文化概论/王薇，郝书俊，史晓英主编．—北京：机械工业出版社，2017.11（2024.1 重印）
高职高专系列教材
ISBN 978-7-111-58483-4

Ⅰ．①企…　Ⅱ．①王…　②郝…　③史…　Ⅲ．①企业文化—高等职业教育—教材
Ⅳ．①F270

中国版本图书馆 CIP 数据核字（2017）第 279254 号

机械工业出版社（北京市百万庄大街 22 号　邮政编码 100037）
策划编辑：孔文梅　　　责任编辑：孔文梅　徐永杰　张　翔
责任校对：王　欣　　　封面设计：鞠　杨
责任印制：郜　敏
北京富资园科技发展有限公司印刷
2024 年 1 月第 1 版第 7 次印刷
4mm×260mm・9.75 印张・222 千字
书号：ISBN 978-7-111-58483-4
：35.00 元

服务　　　　　　　　　网络服务
话：010-88361066　　机 工 官 网：www.cmpbook.com
　　　010-88379833　　机 工 官 博：weibo.com/cmp1952
　　　010-68326294　　金 书 网：www.golden-book.com
伪标均为盗版　　　　　机工教育服务网：www.cmpedu.com

前　言

Preface

21 世纪是一个文化大融合的世纪。有专家断言："未来的发展，得文化者得天下。"领悟了文化的真谛，大可治国，中可治企，小可治家。

尼采有句经典名言："当婴儿第一次站起来的时候，你会发现使他站起来的不是他的肢体，而是他的头脑。"一个企业要站起来，靠的不是它的利润、它的市场，而是它的"头脑"——企业文化。企业是有形的，企业文化是无形的，但却是这无形的企业文化决定着企业未来的前途和成长空间。企业文化是企业的核心竞争力，是企业管理的重要内容。

企业文化是在一定的社会历史条件下，企业生产经营和管理活动中所创造的，具有该企业特色的精神财富和物质形态。它包括文化观念、价值观念、企业精神、道德规范、行为准则、历史传统、企业制度、文化环境、企业产品等，它是一个企业或一个组织在自身发展过程中形成的以价值为核心的独特的文化管理模式。

本书的主要特点有：

（1）结构清晰，层次分明。本书将企业文化细解为四个层次：精神文化、制度文化、行为文化、物质文化，整本书的结构就依照这四个层次分别展开，构成其主体的四个部分：企业精神文化、企业制度文化、企业行为文化、企业物质文化。通过对各个层次文化的全方位、深层次解析，将企业文化的内涵展现得淋漓尽致，理论提炼深入浅出，内容阐述言简意赅，语言表达通俗易懂。

（2）案例充实，内容丰富。本书在阐述理论的同时，穿插了大量的案例，分别以"案例讨论""案例分析"等形式出现，加深了对于理论的理解，并增添了内容的趣味性。理论与案例的相互印证，避免了理论讲述的空洞性及模糊感，使无形的企业文化管理与建设有章可循，有据可依。

（3）理论够用，技能突出。本着"理论够用、技能突出"这一原则，在内容选择上偏重于最基础的理论，力求在掌握最基本理论的基础上，切实提高专业素养和专业能力，强调

Preface

了内容的可操作性。寓"理"于"景",设置了"案例讨论""案例分析""同步训练""职业实训"等项目,以突出本课程的实用性。

本书可作为高职高专经济管理类相关专业的教材,也可作为应用型本科、成人本科院校的教材,同时也可作为企事业单位管理者及相关爱好者的培训资料。

本书由王薇、郝书俊、史晓英、闫彩玲、张诺、谭诚、吕贵鑫、赵静、刘娟、王伟青共同编写,王薇拟定编写思路、框架及具体要求,具体编写分工如下:王薇、赵静编写第一、二章;吕贵鑫、史晓英、王伟青编写第三、七章;闫彩玲、谭诚编写第四章;张诺、郝书俊、刘娟编写第五、六章。全书由郝书俊、王薇校对,由王薇最后修改定稿。

在本书编写过程中,我们借鉴了大量的国内外相关教材和资料,参考并引用了许多专家和学者的专著及论文,除注明出处的部分外,限于体例未能一一说明,在此谨向他们表示深深的谢意。

由于编者水平有限,书中疏漏与不妥之处在所难免,敬请各位专家、学者和读者不吝赐教,我们会及时修订改正。

编 者

目 录

Contents

Contents

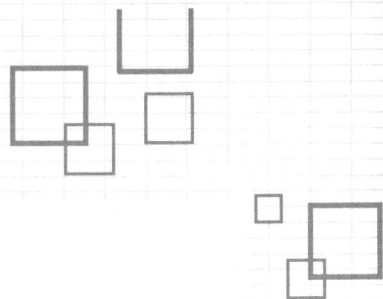

第 一 章
企业文化概述

第一节　企业文化内涵

▋引导案例

海尔吃"休克鱼"

从20世纪90年代初开始的近10年间，海尔先后兼并了18个企业，并且都扭亏为盈。人们习惯上将企业间的兼并比作"鱼吃鱼"，或者是大鱼吃小鱼，或者是小鱼吃大鱼。从国际上看，企业间的兼并重组可以分成三个阶段：先是"大鱼吃小鱼"，兼并重组的主要形式是大企业兼并小企业；再是"快鱼吃慢鱼"，兼并重组的趋势是资本向技术靠拢，新技术企业兼并传统产业；然后是"鲨鱼吃鲨鱼"，这时的"吃"，已经没有一方击败另一方的意义，而是我们常说的"强强联合"。而海尔吃的是什么鱼呢？海尔人认为：他们吃的不是小鱼，也不是慢鱼，更不是鲨鱼，而是"休克鱼"。什么叫"休克鱼"？海尔的解释是：鱼的肌体没有腐烂，比喻企业硬件很好；而鱼处于休克状态，比喻企业的思想、观念有问题，导致企业停滞不前。这种企业一旦注入新的管理思想，有一套行之有效的管理办法，很快就能够被激活起来。

"吃休克鱼"的理论，为海尔选择兼并对象提供了现实依据。国情决定了中国企业搞兼并重组不可能照搬国外模式。由于体制的原因，小鱼不觉其小，慢鱼不觉其慢，各有所倚，自得其乐，缺乏兼并重组的积极性和主动性。所以活鱼不会让你吃，吃死鱼你会闹肚子，因此只有吃"休克鱼"。海尔提出别具一格的兼并理论——"吃休克鱼"，引起了举世瞩目。

美国工商管理界很关注海尔集团以海尔文化使被兼并企业迅速扭亏为盈的成功实践，研究海尔案例的佩恩教授认为：因为海尔不仅学习了西方、日本先进的管理经验，更重要的是，它结合了中国国情，创造了适合中国的管理文化。由于理论的新颖和实践的成功，"海尔文化激活休克鱼"案例正式被纳入哈佛教材案例库。

【思考】

1. 海尔是如何吃"休克鱼"的？
2. 海尔吃"休克鱼"给我们带来哪些启示？

一、文化的定义与特征

企业文化概念的重心是"文化"。因而，了解什么是"文化"，是研究企业文化的逻辑起点。

（一）文化的定义

"文化"一词，中国古来有之，如《周礼》"观乎人文以化成天下"；西汉刘向《说苑》"凡武之兴，为不服也；文化不改，然后加诛"。中国古代所说的"文武之道，一张一弛""文治武功"，实际上是把文化与武功相对应，视为统治国家的两种手段。

西方"文化"一词，词源是来自拉丁文的"cultura"，原意是指耕作、培育、教育、发展出来的事物，是与自然存在的事物相对而言的。可见中西文化的含义自古以来就有差异，西方文化的含义比中国文化的含义更广。自近代以来有关文化的定义更多，争议也更多。据人类学家统计，有关文化的定义超过 180 种，下面选取中外一些有代表性的概念来讨论。

英国著名人类学家泰勒在《原始文化》一书中提出了经典的文化定义：所谓文化或文明，乃是包括知识、信仰、艺术、道德、法律、习俗，以及包括作为社会成员的个人获得的其他任何能力、习惯在内的一种综合体。这种理解影响了当时和后来的许多社会科学家，学者们在各个不同的领域，以不同的方法、从不同的角度对文化这一综合体进行了详细的研究，并出现了不同的文化学派。

美国著名人类学家克莱德·克鲁克洪教授认为文化指的是某个人类群体独特的生活方式，既包含显性式样又包含隐性式样，它具有为整个群体共享的倾向，或是在一定时期中为群体的特定部分所共享。

我国著名学者任继愈先生认为文化有广义和狭义之分。广义的文化包括文艺创作、哲学著作、宗教信仰、风俗习惯、饮食器服之用等。狭义的文化专指能够代表一个民族特点的精神成果。另一位著名学者庞朴先生认为：文化分为"物质的""制度的""心理的"三个层次，其中文化的物质层面是最表层的；而审美趣味、价值观念、道德规范、宗教信仰、思维方式等心理层面是属于最深层的；介于二者之间的是种种制度和理论体系。

我国比较权威的工具书对"文化"一词有着比较明确的表述。如《辞海》的释义是：从广义来说，指人类社会历史实践过程中所创造的物质财富和精神财富的综合；从狭义来说，指社会的意识形态以及与之相适应的制度和组织结构。《当代百科知识大辞典》把文化解释为：一般而言，指在社会发展过程中人类创造物的总称，它包括物质技术文化、社会制度文化和观念精神文化。文化一旦形成，便具有自身的发展规律，通过一代一代的继承延续下去。

综合国内外学者对文化的理解，我们认为：文化是人类改造自然、社会和人类自身活动的成果，其本质是一定自然和历史环境中的人在长期的活动中所形成的、以价值观系统为核心的一系列习俗、规范和准则的综合。它体现了一个群体在价值取向、思维方式、理想追求、精神风貌等方面区别于另一个群体的显著特征。

案例分析 1-1 "失败"的张先生

张先生是位市场营销专业的本科毕业生，就职于某大公司销售部，工作积极努力，成绩显著，三年后升任销售部经理。一次，公司要与美国某跨国公司就开发新产品问题进行谈判，公司将接待安排的重任交给张先生负责，张先生为此也做了大量、细致的准备工作，经过几轮艰苦的谈判，双方终于达成协议。可就在正式签约的时候，客方代表团一进入签字厅发现美国国旗被放在签字桌的左侧，立即拂袖而去，项目告吹，张先生也因此被调离岗位。

【点评】

中西文化存在差异，中国传统的礼宾位次是以左为上，右为下，而国际惯例的座次位序是以右为上，左为下。而张先生在布置签字厅时错将美国国旗放在签字桌的左侧，导致项目失败。在涉外谈判时，应按照国际通行的惯例来做。一个文化细节的疏忽，就会功亏一篑、前功尽弃。

（二）文化的特征

简单说来，文化具有以下主要特征：

1. 普世性

文化的普世性表现为社会实践活动中普世的文化形式，其特点是各个不同民族的意识和行为具有共同的、同一的样式。世界文化的崇高理想自古以来一直使文化有可能超越边界和国界。文化的诸多领域，如哲学、道德、文学、艺术和教育等不但包含阶级的内容，而且包含全人类的、普世的原则。这些原则促成各国人民的相互接近，各民族文化的相互融合。目前，高新技术迅速普及，经济全球化进程加快，各民族生活方式的差距逐渐缩小，各地域独一无二的文化特征正在慢慢消融，民族特点正在淡化，整个世界文化更加趋向普世性。

2. 多样性

不同的自然、历史和社会条件，形成了不同的文化种类和文化模式，使得世界文化从整体上呈现出多样性的特征。各民族文化各具特色，相互之间不可替代，它们都是全人类的共同财富。任何一个民族，即使是人数最少的民族，其文化成果如果遭到破坏都会是整个人类文化的损失。

3. 民族性

民族文化是民族的表现形式之一，是各民族在长期历史发展过程中自然创造和发展起来的，具有本民族特色的文化。例如，美国是一个高度实用主义的国家，强调利润、组织效率和生产效率，重视民主领导方式，倾向于集体决策与参与，对风险具有高度的承受力；英国文化的典型特征是经验的、现实主义的，由此导致英国人重视经验，保持传统，讲求实际；法国文化则是崇尚理性的，喜欢能够象征人的个性、风格和反映人精神意念上的东西。

4. 继承性

人类生息繁衍，向前发展，文化也连绵不断，世代相传。继承性是文化的基础，如果没有继承性，也就没有文化可言。在文化的历史发展进程中，每一个新的阶段在否定前一个阶段的同时，必须吸收它的所有进步内容，以及人类此前所取得的全部优秀成果。

5. 发展性

文化就其本质而言是不断发展变化的。19 世纪的进化论学者认为，人类文化是由低级向高级、由简单到复杂不断进化的。从早期的茹毛饮血，到今天的时尚生活，从早期的刀耕火种，到今天的自动化、信息化，这些都是文化发展的结果。没有文化的发展，人类至今还是猿猴的堂兄弟，也就没有现代社会和现代文明。以马林诺夫斯基为代表的功能学派认为，文化过程就是文化变迁。文化变迁是现存的社会秩序，包括组织、信仰、知识以及工具等，或多或少地发生改变的过程。总的来说，文化稳定是相对的，变化发展是绝对的。

6. 时代性

在人类发展的历史进程中，每一个时代都有自己典型的文化类型。例如，以生产力和科技水平为标志的石器时代的文化、青铜器时代的文化、铁器时代的文化、蒸汽机时代的文化、电力时代的文化和信息时代的文化。又比如，作为文化的有机组成部分，赋、诗、词、曲分别成为我国汉、唐、宋、元各朝最具代表性的文学样式。时代的更迭必然导致文化类型的变异，新的类型取代旧的类型。但这并不否定文化的继承性，也并不意味着作为完整体系的文化发展的断裂。相反，人类演进的每一个新时代，都必须继承前人优秀的文化成果，将其纳入自己的社会体系，同时又创造出新的文化类型，作为这个时代的标志性特征。

案例分析 1-2　成功的谈判

1974 年美国总统福特访问日本，美国哥伦比亚广播公司（CBS）受命向美国转播福特在日的一切活动。在福特访日前两周，CBS 谈判人员飞抵东京处理租用器材、人员、保密系统及电传问题。美方代表是一位年轻人，雄心勃勃，提出了许多过高的要求，并且直言不讳地表述了自己的意见，而日方代表则沉默寡言，第一轮谈判结束时，双方未达成任何协议。两天后，CBS 一位要员飞抵东京，他首先以个人名义就本公司年轻职员的冒犯行为向日方表示道歉，接着就福特访日一事询问能提供哪些帮助。日方转变了态度并表示支持，双方迅速达成了协议。

【点评】

此案例是文化具备多样性和民族性特征的最好体现。美国人坦率外露的思维方式和日本人内敛的思维方式相冲突。美国人反对过分拘泥于礼仪，办事干净利落，注重实际，语言表达直率，但耐心不足；日本人讨厌过分施加压力，比较注重资历、地位。CBS 的要员充分掌握了日本人的性格及谈判风格，才促成了谈判的成功。

二、企业文化的定义与特征

（一）企业文化的定义

自企业文化研究的热潮在世界兴起到目前，人们对企业文化的理论总结还显得很薄弱，对企业文化的概念，没有形成统一的、明确的概念。

1．西方学者关于企业文化的定义

企业文化是美国人在日本经济的强大冲击之后，才开始着手研究的。最早提出企业文化概念的是美国学者威廉·大内，他在1981年4月出版的《Z理论——美国企业界怎样迎接日本的挑战》一书写道："一个公司的文化由其传统和风气所构成。此外，文化还包含一个公司的价值观，如进取性、守势、灵活性——即确定活动、意见和行动模式的价值观。"

美国学者沃特曼和彼得斯在《成功之路》一书中把企业文化概括为："汲取传统文化精华，结合当代先进的思想与策略，为企业员工构建一套明确的价值观念和行为规范，创设一个优良的环境气氛，以帮助整体静悄悄地进行经营管理活动。"

美国学者迪尔和肯尼迪在《企业文化》一书中，将企业文化阐述得更为重要："每一个企业——事实上是每一个组织，都有一种文化，而这种文化有力地影响着整个组织，直至它所做的每一件事。"

2．中国学者关于企业文化的定义

20世纪80年代以后，"企业文化"作为一种先进的管理理论传入我国，并逐渐成为经济管理学界的热门话题。我国成立了"中国企业文化研究会"，各省市也相继成立了省级企业文化研究团体，许多国有大中型企业都有自己的企业文化研究部门。在西方企业文化研究的基础上致力于研究适合中国的企业文化理论，并提出了一些很有价值的见解和看法。

中国学者罗长海在《企业文化学》一书中指出："企业文化是企业在各种活动及其结果中，所努力贯彻并实际体现出来的以文明取胜的群体竞争意识。"

中国学者刘光明在《企业文化》一书中指出："企业文化是一种从事经济活动的组织中形成的组织文化。它所包含的价值观念、行为准则等意识形态和物质形态均为该组织成员所共同认可。总而言之，企业文化有广义和狭义之分，广义的企业文化是指企业物质文化、行为文化、精神文化的总和；狭义的企业文化是指以企业的价值观为核心的企业意识形态。"

3．企业文化的科学定义

综合国内外学者对企业文化的定义表述，我们认为较为科学的企业文化概念应做如下表述：企业文化是企业作为经济组织在长期的生产经营过程中逐步形成和培育起来的，具有本企业特色的，并为企业成员普遍接受和共同遵守的价值观念、行为准则、道德规范、风俗习惯，以及反映企业文化特质的规章制度、组织结构和物质实体。其表层文化为物质文化，浅层文化为行为文化，中层文化为制度文化，核心层文化为精神文化。

企业文化的物质层，即企业物质文化，是由企业职工创造的产品和各种物质设施等构成的器物文化。具体包括：现代意义的产品、企业环境和企业容貌、企业生产环境、技术、设备现代化与文明程度。

企业文化的行为层，即企业行为文化，是指企业员工在生产经营、学习娱乐中产生的活动文化。它包括企业经营、教育宣传、人际关系活动、文娱体育活动中产生的文化现象。从人员结构上划分，企业行为包括企业家的行为，企业模范人物的行为，企业员工的行为等。

企业文化的制度层，即企业制度文化，既是人的意识与观念形态的反映，又是由一定物的形式所构成，是塑造精神文化的主要机制和载体。主要包括企业领导体制、企业组织机构和企业管理制度三个方面。

企业文化的精神层，即企业精神文化，是一种更深层次的文化现象，在整个企业文化系统中处于核心地位。它是在企业生产经营过程中，受一定的社会文化背景、意识形态影响而长期形成的一种精神成果和文化观念，包括企业精神、企业经营哲学、企业道德、企业价值观念、企业风貌等内容，是企业意识形态的总和。它是企业物质文化、行为文化的升华，是企业的上层建筑。

案例分析 1-3　派克鱼市

派克鱼市公司的创始人叫约翰·横山。直到1986年，约翰·横山已经努力工作了20年，目标只有一个，就是使自己在西雅图的一个小鱼摊生意兴隆起来。可他就像许多小本生意人一样，一直维持着几个人的小公司，也谈不上什么成功。这时约翰想把生意扩大，便转向了渔业批发领域。可没想到，只一年的时间就几乎赔光了公司的老本，真是走到了生死抉择的十字路口。

一天，一个朋友建议他赶紧请个咨询师。他咬咬牙，花钱，请！尽管不知道咨询师能不能拯救他的企业。咨询师吉姆每两周来公司组织大家开一次会，会上只做一件事情：激发大家的斗志。吉姆帮助大家认识："我们需要一个远大的目标，一个更大的策略。"终于到了第三次会议时，约翰理清了公司目标："我们要成为举世闻名的企业！""我们可以影响彼此的生活，影响顾客的生活！"

约翰当然是百分之百地忠实于公司目标——"要成为举世闻名的企业"。但是，这不同寻常的目标怎样才能使每一位员工都愿意为它付出呢？大家能不能始终保持不竭的动力去创造奇迹呢？许多企业老板这时候可能会花费很多时间去教给员工如何干好工作，却几乎不解释工作的重要目标是什么。但是在这里，当新员工加入公司时，从三个月的试用期开始就给他们提供分享"梦想"的机会——要举世闻名！这是一个融入公司文化很重要的培训。许多公司会把大量的时间花费在寻找最优秀、最聪明、最有天分的应聘者身上，但是在这里，公司所要寻找的就是"志同道合"，并帮助员工看到自己在工作中的发展机会。

约翰每隔一周会与全体员工见一次面，一起共进晚餐，一起充分讨论"我们的目标"和怎样达到它。员工会踊跃地给出他们的见解、建议。约翰和管理者、员工一起来调节工作方式，大家始终保持着一致的奋斗目标。尽管这样的聚会要耗费人力物力，但是约翰却把它看成是坚持"我们的目标"的重要步骤。

一晃又过去几十年了，那个小小的鱼摊今天已经大名鼎鼎，很多来到美国的旅游者都会极有兴致地去派克鱼市逛逛，享受那激发活力的工作气氛。

【点评】

这个案例告诉我们：企业文化在本质上就是一种管理思想和方法，是企业管理水平的呈现。企业文化建设，恰恰是为了提高管理水平。因此，小公司也好，初创公司也好，一开始就要重视文化理念的引导，要与企业长期的发展目标相联系来设计公司的理念，要与企业近期的成长阶段相适应找到共享理念的方法。

（二）企业文化的特征

1．人文性

所谓企业文化的人文性，就是从企业文化的角度来看，企业内外一切活动都应是以人为中心的。从企业内部来看，企业不应是单纯制造产品、追求利润的机器，员工不应是这部机器上的部件，企业应该是使员工能够发挥聪明才智、实现事业追求、和睦相处、舒畅生活的大家庭。从企业外部看，企业与社会不应该只是商品交换关系，企业生产经营的最终目的是满足广大人民的需要，促进人类社会的发展。

2．集体性

企业文化是在企业生产经营过程中，逐步将自己的价值观、规范和制度积淀下来形成的。这是一个长期的过程，不是仅靠哪个企业成员或哪一部分人所能完成得了的。企业的价值观念、道德标准、经营理念、行为规范、规章制度等都必须是由企业内部的全体成员共同认可和遵守的。企业文化是依靠企业全体成员的共同努力才建立和完善起来的，所以说，企业文化具有集体性。

3．个异性

任何企业都有自己的特殊品质。从生产设备到经营品种，从生产工艺到经营规模，从规章制度到企业价值观，都各有各的特点。即使是生产同类产品的企业，也会有不同的文化设施、不同的行为规范和技术工艺流程。所以，每个企业的企业文化都具有其鲜明的个体性和特殊性。任何一般的、空洞的企业文化，都不可能有持久、强大的生命力。

4．综合性

企业文化不但具有个异性，也具有综合性。文化本身因为有用、有价值，特别是当一种文化的价值是另一种文化所不具有的时候，它的这种价值便会被别种文化所吸纳。不管何种文化，它作为民族的、社区的共同体验的结晶，都含有特殊的价值。当这些文化相遇的时候，它们彼此相互吸取、融合、调和各个个异文化中有营养的部分，重新构筑新的个体企业文化的机制和特征。这就是企业文化的综合性。

5．规范性

企业文化是由企业内部全体成员创造的，企业文化具有整合功能。这就要求企业内个人的思想行为——至少与企业利益密切相关的思想和行为应当符合企业的共同价值观，与企业文化认同一致。当企业员工的思想行为与企业文化发生矛盾时，应当服从企业整体文化的规范要求，在这一规范下，企业力图使个人利益与集体利益、个人目标与企业目标统一起来。

6．时代性

文化是时代的产物，又随着时代的前进而不时地演化着自己的形态。一方面，不同时代具有不同的企业文化；另一方面，同一个企业在不同时代，其文化也有不同特点。每一个时代的企业文化都深刻地反映了该时代的特点和风貌，反映了它们产生的经济和政治条件。

案例分析 1-4　细节体现企业文化

松下电器的创始人松下幸之助的故事最直接地体现了"细节是一个企业的文化最好的外在表现形式"。

他曾经去考察一个企业，洽谈合作意向。但他当时没有听汇报，只是在企业生产车间仔细地观察了一遍，与工厂的工人做了很长时间的交流，随后他就离开了。合作的事也就此确定下来。公司的同事对此很不理解，问他为什么没有听汇报就做出了决定。松下幸之助说："一个企业最主要的是它的精神，这其实很简单，我从工厂的面貌和工人的言谈举止就了解和认识了他们的文化，这一切说明这个企业是一个很有活力和发展前景的企业。"

【点评】

企业文化的表现就是这么简单，它就在企业的每一位员工身上，是通过每一位员工点点滴滴的细节表现出来的全体员工共有的职业素养。

三、优秀企业文化特征

美国兰德公司、麦肯锡公司、国际管理咨询公司的专家通过对全球优秀企业的研究，得出的结论认为：世界 500 强胜出其他公司的根本原因，就在于这些公司善于给它们的企业文化注入活力。这些一流公司的企业文化同普通公司的企业文化有着显著的不同，它们最注重四点：一是团队协作精神；二是以客户为中心；三是平等对待员工；四是激励与创新。凭着这四大支柱所形成的企业文化力，使这些一流公司保持百年不衰。我们通过国内优秀企业文化建设研究发现，优秀企业文化具备以下特征：

（一）拥有强势的主流文化，符合行业要求、时代要求和战略要求

有组织的地方就有文化，优秀的企业都拥有强势的主流文化，比如海尔的"创新"文化、华为的"狼"文化、万科的"职业化"文化等，都是大型企业，人数众多，但是主流文化特征明显。海尔的"创新"文化抓住了竞争制胜的关键，通过创新日清日高，不断提升管理水平。华为的"狼"文化抓住了通信行业技术同步的机遇，通过竞争和团队合作成为全球知名的通信产品供应商。万科的"职业化"文化使得万科快速引进、培养、发展人才，管理模式能够快速复制，消除了对政府关系等社会资源的依赖，成为中国房地产企业标杆。

（二）文化理念得到有效贯彻与强力执行

文化理念是企业经营管理哲学、智慧的凝练，包括使命、愿景、核心价值观、企业竞争、战略理念、管理理念、人才理念等。优秀的企业文化都是"说到做到"的企业，比如海尔的创新已经落实到每个岗位、每个流程、每天；万科的职业化已经成为一种明显的群体特征。

（三）持续为文化注入新的活力

文化是动态发展的，优秀的企业都善于持续为文化注入新的活力，文化激发人积极向

善、向好，不断超越。因此优秀的企业在企业经营管理过程中，通过"主题年""竞赛""练兵"等多种方式丰富文化的内涵，不断激发员工的创造力，不断提升文化活力。

（四）企业文化管理系统性科学性日益提升，良性循环

企业文化管理由专门的部门和组织系统负责企业文化建设的各项管理，企业文化体系从内向外，有核心理念层、制度层、行为层、物质层，四个层次是相互作用的。优秀的企业文化在这四个方面形成良性循环。如海尔大学、海尔企业文化部作为海尔的企业文化建设管理部门，系统、科学地对海尔精神、海尔理念、海尔管理、海尔制度、海尔产品标示、海尔报、海尔行为等文化要素进行系统地管理，海尔大学已经成为文化输出的机构。

在大多数企业里，实际的企业文化同公司希望形成的企业文化出入很大。但对那些杰出的公司来说，实际情况同理想的企业文化之间的关联却很强，它们对公司的核心准则、企业价值观遵循始终如一，这一理念可以说是世界最受推崇的公司得以成功的一大基石。

案例讨论 1-1 海尔员工的画与话

"海尔员工的画与话"是海尔文化在发展过程中员工自发兴起的、用漫画方式表达员工所理解的海尔理念的一种群众性企业文化建设活动。这些生动、形象、易懂、可爱的漫画被粘贴在走廊、过道、办公室，让员工借鉴反思，很好地推动了企业文化理念的传播。员工自己画了形象的漫画再配上文字："只有每个海尔人增值了，海尔才能增值"体现了海尔的人才观；"升级者胜，降级者亡"体现着海尔人的商业危机感。海尔这种员工参与企业文化建设的创新，被日本神户大学作为成功案例写入该校案例库。日本神户大学教授吉原英树对此评价说："用漫画的形式诠释企业文化、企业经营理念，这在国际企业管理界还是一个创举。"

目前，海尔把来自全球不同国家和地区的海尔员工的漫画编纂成册，内容按海尔文化、战略、人才、服务等方面的理念分为九类。

【思考】
海尔靠什么方式来体现企业文化？

第二节 企业文化构成要素

▶引导案例

星巴克的企业文化

星巴克（Starbucks）是美国一家连锁咖啡公司，1971 年成立，目前为全球最大的咖啡连锁店，其总部坐落美国华盛顿州西雅图市。除咖啡外，星巴克亦有茶、馅饼及蛋糕等商品。星巴克的分店遍布北美、南美洲、欧洲、亚洲及大洋洲。

星巴克企业文化——精神文化

在"小资"青年当中流行着这样一句话："我不在办公室，就在星巴克；我不在星

巴克，就在去星巴克的路上。"泡星巴克，是小资们生活中不可或缺的节目。毫无疑问，这杯名叫星巴克的咖啡，是小资的标志之一。星巴克人认为：他们的产品不单是咖啡，而且是咖啡店的体验文化，咖啡只是一种载体。而正是通过咖啡这种载体，星巴克把一种独特的格调传送给顾客。咖啡的消费很大程度上是一种感性的文化层次上的消费，文化的沟通就要求咖啡店所营造的环境文化能够感染顾客，并形成良好的互动体验。另外，星巴克更擅长咖啡之外的"体验"：如气氛管理、个性化的店内设计、暖色灯光、柔和音乐等。就像麦当劳一直倡导售卖欢乐一样，星巴克也把美式文化逐步分解成可以体验的东西。如"以顾客为本，认真对待每一位顾客，一次只烹调顾客那一杯咖啡"，这句取材自意大利老咖啡馆工艺精神的企业理念，道出了星巴克快速崛起的秘诀。注重"one at a time"（当下体验）的观念，强调在每天工作、生活及休闲娱乐中，用心经营"当下"这一次的生活体验。

星巴克企业文化——制度文化

星巴克主要分为运营部门和职能部门，分别在两个部门下设了具体的部门，各尽其职。同时，星巴克董事长舒尔茨意识到员工在品牌传播中的重要性，便另辟蹊径开创了自己的品牌管理方法，通过有效的奖励政策和激励制度，创造一个好的环境，鼓励员工自强，交流和合作；通过权力下放机制，赋予员工更多的权力，让员工有存在感。刚进入星巴克的员工要经过明星团队一对一的培训。此外，星巴克也重视与供应商的关系，特别是关键产品和附加服务的供应商，在采购过程中制度化，将供应商整合和捆绑成合作伙伴，于是供应商承担了更多的义务和责任，与星巴克一道，坚持产品质量第一原则，价格相对来说在次要位置。

星巴克企业文化——行为文化

星巴克通过一系列事件来塑造良好的行为文化。例如在顾客发现东西丢失之前就把原物归还；门店的经理赢了彩票把奖金分给员工，照常上班；南加州的一位店长聘请了一位有听力障碍的人教会他如何点单，并以此赢得了有听力障碍的人群，让他们感受到友好的气氛等。

星巴克在对待员工方面，为全职员工实施了一系列报酬激励计划：购买了各种保险，实行医疗卫生扶助计划；通过"咖啡豆股票"使员工成为合伙人；还有解决家庭及工作问题的专门公司。虽然增加了成本，但是却使员工更加努力踏实的工作。

星巴克企业文化——物质文化

星巴克将价格定位于"多数人消费得起的奢侈品"，以年轻白领消费人群为主，所以在环境布局方面也专门花了心思，在不同的季节，不同的节日会贴上各种符合当时气氛的海报；设计有特色的杯子，这样就使消费者多了走进星巴克的机会。在上海的星巴克，有一项叫作"咖啡教室"的服务，如果有三四个朋友一起去，便会为他们配备一名专业咖啡师，顾客有对咖啡的各种问题、各种需求，咖啡师就会耐心地为顾客讲解，不仅满足了顾客的味觉，还让顾客体会到了星巴克宣扬的文化，为其较高价格的存在给了一个充分的理由，让顾客心甘情愿消费，星巴克也成为大赢家。星巴克在物质方面的投入是其他零售行业中少见的，也是一大特色，是其他行业值得学习的地方。

【思考】
上述案例中介绍的星巴克企业文化由哪几部分组成？

以刘光明教授为代表的国内学者们将企业文化划分为四个层次：表层的物质文化、浅层的行为文化、中层的制度文化和深层的精神文化（见图1-1）。

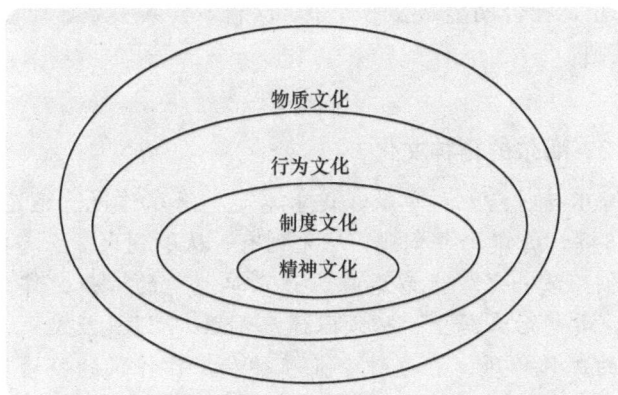

图1-1 企业文化构成要素

一、企业精神文化

企业精神文化代表着企业广大员工工作财富最大化方面的共同追求。它包括企业哲学、企业精神、企业经营宗旨、企业价值观、企业经营理念、企业作风、企业伦理准则等内容，是企业意识形态的总和。

（一）企业哲学

这是企业在经营管理过程中提升的世界观和方法论，是企业在处理人与人、人与物关系上形成的意识形态和文化现象。

（二）企业精神

这是企业全体或多数员工共同一致，彼此共鸣的内心态度、意志状况和思想境界。

（三）企业经营宗旨

这是企业要达到或实现的最高目标和理想。

（四）企业价值观

这是企业在追求经营成功过程中所推崇的基本信念和奉行的目标,是企业全体或多数员工一致赞同的关于企业意义的终极判断。

（五）企业经营理念

这是指企业的生存价值、社会责任、经营目的、经营方针、经营战略和经营思想。

（六）企业作风

这是企业员工对待工作的状态、情绪、信心、责任与习惯。

（七）企业伦理准则

这是有关忠实公正、社会期望、公平竞争、广告、公共关系、社会责任、消费者的自主权等多种方面的准则。

案例讨论 1-2　海尔的精神文化

第一个十年　海尔精神：无私奉献、追求卓越　海尔作风：迅速反应、马上行动

从 1984 到 1995 年，海尔十年创业，从无到有、从小到大。立志要做出中国最好的冰箱的海尔创业者们，发出了"无私奉献、追求卓越"的心声。作为国内最后一家引进冰箱项目的工厂，要想后来居上，必须以速度制胜，"迅速反应、马上行动"成为当时全体海尔人一致的工作作风。在这种企业精神和工作作风的推动下，海尔十年创业首战告捷，创出中国家电第一名牌。

第二个十年　海尔精神：敬业报国、追求卓越　海尔作风：迅速反应、马上行动

1995 年，在国内市场取得长足发展的海尔，开始聚焦国际市场。以当年海尔工业园落成为标志，海尔二次创业、创国际名牌战略宣告启动。作为中国民族企业走向国际第一个真正意义上的尝试者，创中国人自己的国际名牌，成为海尔人此后最执着的追求。具有民族意义的企业精神：敬业报国、追求卓越，成为海尔人挑战国际名牌的精神底蕴。在这一时期，海尔的工作作风有了更深的价值取向，"迅速反应、马上行动"成为海尔创造比较优势、挑战国际名牌的速度利器，面临资金、技术、人才等巨大差距的海尔，以跨越式赶超为动力，义无反顾地冲向国际名牌的目标。2005 年 8 月 30 日，《金融时报》评选中国十大世界名牌，海尔荣登榜首。在全球白色电器制造商中，海尔排名第四。

第三个十年　海尔精神：创造资源、美誉全球　海尔作风：人单合一、速决速胜

全球化的海尔，需要全球化的海尔精神。海尔的全球化，需要企业的全球化追求。遍布全球的 5 万名海内外海尔员工，为了海尔创世界顶级品牌的目标，都需要一种全球视野的共享价值观。海尔新的企业精神——"创造资源 美誉全球"应运而生。"创造资源"本质上是创新。与国际顶级企业相比，当时的海尔还不具备资源优势，但在创新的旗帜下，海尔可以而且能够创造资源，能够拥有自己的核心竞争力。"美誉全球"是海尔全球化品牌战略阶段的更高目标。海尔在全球各地满足用户需求的综合美誉，就是海尔世界名牌的根本内涵。

【思考】

如何理解海尔的精神文化？

二、企业制度文化

在企业中，企业制度文化是人与物、人与企业运营制度的结合部分，它既是人的意识与观念形态的反映，又是由一定物的形式所构成。制度文化既是适应物质文化的固定形式，又是塑造精神文化的主要机制和载体。正是由于制度文化的这种中介的固定、传递功能，它对企业文化的建设具有重要作用。企业制度文化主要包括领导体制、组织机构和管理制

度三个方面。

（一）企业领导体制

企业领导体制是企业领导方式、领导结构、领导制度的总称，其中主要是领导制度。企业的领导制度，受生产力和文化的双重制约，生产力水平的提高和文化的进步，就会产生与之相适应的领导体制。不同历史时期的企业领导体制，反映着不同的企业文化。在企业制度文化中，领导体制影响着企业组织结构的设置，制约着企业管理的各个方面。所以，企业领导体制是企业制度文化的核心内容。卓越的企业家就应当善于建立统一、协调、通畅的企业制度文化，特别是统一、协调、通畅的企业领导体制。

（二）企业组织机构

企业组织机构，是指企业为了有效实现企业目标而筹划建立的企业内部各组成部分及其关系。如果把企业视为一个生物有机体，那么组织机构就是这个有机体的骨骼。因此，组织机构是否适应企业生产经营管理的要求，对企业生存和发展有很大的影响。不同的企业文化有着不同的组织机构。影响企业组织机构的不仅有企业制度文化中的领导体制，还有企业文化中的企业环境、企业目标、企业生产技术及企业员工的思想文化素质等。组织机构形式的选择，必须有利于企业目标的实现。

（三）企业管理制度

企业管理制度是企业为求得最大效益，在生产管理实践活动中制定的各种带有强制性义务，并能保障一定权利的各项规定或条例，包括企业的人事制度、生产管理制度、民主管理制度等一切规章制度。企业管理制度是实现企业目标的有力措施和手段。它作为职工行为规范的模式，能使职工个人的活动得以合理进行，同时又成为维护职工共同利益的一种强制手段。因此，企业各项管理制度，是企业进行正常的生产经营管理所必需的，它是一种强有力的保证。优秀企业文化的管理制度必然是科学、完善、实用的管理方式的体现。

案例分析 1-5 海尔的制度文化

研究法律和制度的学者都知道，中国人是不太喜欢谈纪律的。这是因为中国传统观念中有一套"与人为善"的人情世故和处世哲学。然而，像通用公司前首席执行官杰克·韦尔奇所说的："制度是企业文化的一个重要组成部分。一个成功的企业，往往也有一套完整的制度文化。"

海尔对纪律和制度的重视是有历史的。熟悉中国历史的人都知道，20 世纪七八十年代的工厂，管理混乱，车间往往成了杂货堆、垃圾场。也正因为如此，如今看海尔当时的规章制度才觉得好玩和好笑。张瑞敏进驻海尔不久，为了加强管理，制定了 13 条管理规则。大体内容如下：在工作时间不准抽烟喝酒，不准打牌聊天，还不准在车间大小便。海尔就是从当初的从小事管起，到如今形成了完整而规范的管理体系。如今在海尔，每个人都有明确的岗位职责，一个人如果连续几次对自己的职责搞不清楚的话就有可能被降职或辞退。严明的纪律使得海尔形成了有条不紊的工作流程，就像海尔强调"纪律之美"获得的效果一样，海尔也以规范的运作和严明的纪律享誉世界。海尔有四个案例分别进入了哈佛商学院、瑞士洛桑商学院、欧洲商学院和日本神户大学，这正是海尔严格管理获得的有效成果。正像张瑞敏所言，海尔运作进入国际案例，虽然不能说明海尔有多成功，但起码证明海尔的管理获得了国际上的认可。

纪律不是万能的，纪律总存在上级管理和监督下级问题；而海尔提出的每个人都是一个事业部的概念则赋予了员工很大的自由空间和权力。在这个概念下，海尔员工可以自己做出决策，自己规划时间和资源。这实际上也是海尔集权和分权良好结合的典型范例。

【点评】

无规矩不成方圆，纪律也是企业文化的核心内容，没有纪律的企业文化不可能指导企业的各项工作有序取得成功。在企业做事就要认同企业的规则，对已经形成的纪律坚决遵守，把纪律变成习惯。

三、企业行为文化

企业行为文化即企业文化的行为层，是指企业员工在企业经营、教育宣传、人际关系活动、文娱体育活动中产生的文化现象。它是企业经营作风、精神风貌、人际关系的动态体现，也是企业精神、企业价值观的折射。企业行为文化建设的好坏，直接关系到企业职工工作积极性的发挥，关系到企业经营生产活动的开展，关系到整个企业未来的发展方向。企业行为文化包括企业家行为，企业先进模范人物的行为，企业员工群体行为等。

（一）企业家行为

企业家是企业管理中的一种特殊的"角色丛"——思想家、设计师、牧师、艺术家、法官和朋友等。企业家是理念体系的建立者，精通人生、生活、工作、经营哲学，富有创见，管理上明理在先，导行在后；企业家高瞻远瞩，敏锐地洞察企业内外的变化，为企业也为自己设计长远的战略和目标；企业家将自己的理念、战略和目标反复向员工传播，形成巨大的文化力量；企业家艺术化地处理人与工作、雇主与雇员、稳定与变革、求实与创新、所有权与经营权、集权与分权等关系；企业家公正地行使企业规章制度的"执法"权力，并且在识人、用人、激励人等方面学高为师、身正为范；企业家与员工保持良好的人际关系，关心、爱护员工及其家庭，并且在企业之外广交朋友，为企业争取必要的资源。在一定层面上，企业家的价值观代表了一个企业的价值观，"企业文化就是老板文化"的说法是有一定道理的。

（二）企业先进模范人物的行为

企业先进模范人物使企业的价值观人格化，他们是企业员工学习的榜样，他们的行为常常被企业员工作为仿效的行为规范。企业的模范行为可以分为企业模范个体的行为和企业模范群体的行为两类。企业模范个体的行为标准是可以卓越地体现企业价值观和企业精神的某个方面；一个企业中所有的模范人物的集合体构成企业的模范群体，卓越的模范群体必须是完整的企业精神的化身，是企业价值观的综合体现。企业模范群体的行为是企业模范个体典型行为的提升,具有全面性,因此在各方面都应当成为企业所有员工的行为规范。

(三)企业员工群体行为

员工的群体行为决定了企业整体的精神风貌和企业文明的程度,员工群体行为的塑造是企业文化建设的重要组成部分。要通过各种开发和激励措施,使员工提高知识素质、能力素质、道德素质、勤奋素质、心理素质和身体素质,将员工个人目标与企业目标结合起来,形成合力。

案例分析1-6 海尔的行为文化

用户永远是对的——三次上门心不烦海尔社区服务美名传

家住重庆市的祖文霞女士最近听说海尔社区服务站在小区落户了,便抱着试试看的心情给小区物业打了个电话,要对家中两套空调进行维护保养。哪知刚放下电话不到十分钟,服务人员就上门了,令祖女士惊讶不已。然而就在工作人员刚把空调部件打开时,祖女士家的门铃就响了。原来是祖女士的一位好友带着一家人来做客。看着满满一屋子人,祖女士犹豫再三,小心翼翼地对工作人员说:"能不能暂且停止,下次再来?"服务人员二话没说,带着微笑收拾工具退了出来。

第二天,当祖女士再次打电话时,和上次一样,服务人员又在十分钟内就登门了,然而这次正当保养工作接近尾声时,祖女士家的电话突然响起,接起一听,是上司要求祖女士立即回公司处理事情。怎么办?当祖女士再次为难地表达歉意时,服务人员像上次一样,依然面带微笑悄然离开。

一周后,当祖女士第三次打电话时,服务人员再次登门,这一次进行得顺顺当当,而且服务人员的热情不减,工作仔细周到。当祖女士送走服务人员,回头看着焕然一新的空调时,禁不住感慨万千。而海尔服务人员保养空调三次登门的事迹也在周边居民小区流传开来。

您的满意就是我们的工作标准——"孙悟空"的一碗长寿面

一位加拿大设计师为海尔山庄二期的别墅设计造型,因此住在了山庄内。每天他都会到餐厅来用餐,时间久了,海尔山庄员工都知道他有一个有趣的中国名字"孙悟空"(他非常喜欢中国文学《西游记》并崇拜孙悟空)。

"孙悟空"每天都来用餐,他总是彬彬有礼,并用并不流利的汉语向海尔山庄员工致谢。这天,他和往常一样,与妻子以及朋友来餐厅用餐,无意中,他的妻子说出今天是他四十五岁生日,服务员立即把这一信息反馈给了主管,并通知后厨为他煮了一碗长寿面。当服务员把这碗面端到"孙悟空"面前时,他惊讶地看着服务员,满脸的茫然。服务员看出了他的心思,忙解释道:"在中国有一个传统的说法,过生日要吃一碗长寿面,因为这面是长长的,祝您长寿;同时这面是热气腾腾的,祝您事业蒸蒸日上;里面的荷包蛋是圆圆的,祝您全家和和美美、团团圆圆,最后祝您一生平安,生日快乐!"服务员一口气说了一堆祝福的话,这时他的翻译解释了中国这一传统面的含义,"孙悟空"这才明白了,他看着服务员,眼神中有惊、有喜,笑中含着泪,他用不太流利的中文深深地说了一句"谢谢!"作为主人,海尔山庄员工从他那满含热泪的双眼中,读到了一位在异乡的朋友在中国感到的温暖与关爱!

【点评】

海尔的行为文化是创造感动,创造感动就是用心做事,增强凝聚力。

四、企业物质文化

企业物质文化也叫企业文化的物质层,是指由职工创造的产品和各种物质设施等构成的器物文化,是一种以物质形态为主要研究对象的表层企业文化。相对核心层而言,它是容易看见、容易改变的,是核心价值观的外在体现。企业物质文化是一种以物质形态为主要研究对象的表层组织文化,是形成组织文化精神层和制度层的条件,主要包括两个方面的内容:

(一)企业生产的产品和提供的服务

企业生产的产品和提供的服务是企业生产经营的成果,它是企业物质文化的首要内容。

(二)企业的工作环境和生活环境

企业创造的生产环境、企业建筑、企业广告、产品包装与产品设计等,它们都是企业物质文化的主要内容。

案例分析 1-7 海尔的物质文化

海尔对产品质量的关注是全球闻名的。巴基斯坦的海尔员工斯德瓦特·犹拉就曾经说过:一枚不合格螺钉让我领悟了海尔的理念,就是质量至上。1985 年,张瑞敏带头挥锤砸掉 76 台不合格冰箱的故事可以说是海尔重视质量的典范和传统的体现。正是海尔对产品品质的关注,才使得海尔产品的质量精益求精,越来越接近甚至超越国际质量标准。

海尔的服务更是世界一流。在海尔有一种提法叫"外部一站到位,内部一票到底"。"外部一站到位"指的是,对于外部客户,只要找到一个部门或一个人员,他就可以无忧无虑地等着了,因为接洽业务的人会为他处理好每个环节;"内部一票到底"则是指对于海尔内部客户,只要提供一张票证,有关人员便会有条不紊地处理好整个业务流程。1994 年,海尔提出"无搬动"服务,就是说海尔不管条件多么艰难,都会送货上门,有一个典型案例,讲的是海尔员工曾背着冰箱步行 15 千米山路送货上门;1996年提出"先设计后安装"理念;1997 年的口号是"五个一"服务,即一张服务卡、一副鞋套、一块垫布、一块抹布和一件小礼物;1998 年的口号是"星级服务一条龙";2001年海尔又提出"海尔空调无尘安装"服务理念;2002 年,海尔提出最新服务理念,即"全程管家 365",也就是说在一年的每一天,海尔都会做好你的"管家",帮你做好每一件事,处理好业务的每一个环节。海尔还率先在全国近四十个城市开设了"9999 服务电话"和"800 免费电话服务",后者在中国更是首例。对于服务,海尔可谓一年上一个台阶。2015 海尔推出的"下载电子保修卡可专享 VIP 通道"理念对服务进行再升级,同时海尔商城开启空调个性定制服务。2016 年海尔推出智能服务标准,海尔服务

APP 正式上线，开启"人人服务"新模式，家电行业迎来"互联网+"时代。由此可见，海尔对客户的关注可见一斑。

【点评】

企业精神文化或者说企业的价值观，虽然是企业文化的核心和本质，但对于人来说，首先看到的或感受到的毕竟是有形或无形的产品，没有产品就没有实际意义上的物质文化和精神文化。海尔的产品、服务和品牌无疑都是一流的。

第三节　企业文化功能和类型

引导案例

我缺了些什么？

在海尔流传着一个故事：有一位进入海尔工作的大学生，在一段短暂的时间之后离开海尔，到深圳的一家著名的大企业集团当了部门经理。可是不久，他就给张瑞敏总裁写了一封信，他的信上说，我现在在深圳的这家公司工作，收入很高，但是我总觉得我缺了些什么，我仔细地想缺了些什么？缺的是文化，缺的是团队精神，缺的是透明的人际关系。

这个大学生只在海尔工作了一段短暂的时间，他通过对比最终发现了海尔文化的真正的魅力。他虽然在大企业做了部门经理，收入很高，但他却还对海尔的文化念念不忘。在海尔的文化氛围中，员工的离职率是非常低的，这就得益于海尔优秀的企业文化。可见企业文化的魅力超乎想象。

【思考】

从上述案例中我们可以得到哪些启示？

企业文化功能就是企业文化的"性能"与作用，它分为内功能和外功能两种。内功能是指企业文化在其文化共同体内部的功能；外功能是指企业文化对外部环境的作用与功能，如企业文化对人类文化的影响，对社会各阶层、各种角色的影响，对其他集团文化的示范与冲击。显然，内功能是企业文化的基本功能、主要功能，外功能是企业文化的派生功能、辅助功能。

一、企业文化的功能

（一）导向功能

导向功能就是通过组织文化对组织的领导者和职工起引导作用。企业共同的价值观念规定了企业的价值取向，使员工对事物的评判形成共识，有着共同的价值目标，企业的领导和员工为着他们所认定的价值目标去行动。企业文化的导向功能主要体现在以下两个方面。

1. 经营哲学和价值观念的指导

经营哲学决定了企业经营的思维方式和处理问题的法则，这些方式和法则指导经营者进行正确的决策，指导员工采用科学的方法从事生产经营活动。价值观念规定了企业的价值取向，使员工对事物的评判形成共识，有共同的价值目标，企业的领导和员工为着他们所认定的价值目标去行动。美国学者托马斯·彼得斯和小罗伯特·沃特曼在《寻求优势》一书中指出："我们研究的所有优秀公司都很清楚它们的主张是什么，并认真建立和形成了公司的价值准则。事实上，一个公司缺乏明确的价值准则或价值观念不正确，我们则怀疑它是否有可能获得经营上的成功。"

2．企业目标的指引

企业目标代表着企业发展的方向，没有正确的目标就等于迷失了方向。优秀的企业文化会从实际出发，以科学的态度去确立企业的发展目标，这种目标一定具有可行性和科学性。企业员工在这一目标的指导下从事生产经营活动。

案例分析 1-8　海尔文化的导向作用

1985 年，一位用户向海尔反映：工厂生产的电冰箱有质量问题。于是张瑞敏厂长突击检查了仓库，发现仓库中不合格的冰箱还有 76 台！当时研究处理办法时，有干部提出意见：作为福利处理给本厂的员工。就在很多员工十分犹豫时，张瑞敏却做出了有悖常理的决定：开一个全体员工的现场会，把 76 台冰箱当众全部砸掉！而且，由生产这些冰箱的员工亲自来砸！听闻此言，许多老工人当场就流泪了……要知道，那时候别说"毁"东西，企业就连开工资都十分困难！况且，在那个物资还紧缺的年代，别说正品，就是次品也要凭票购买的！如此"糟践"产品，大家心疼啊！当时，甚至连海尔的上级主管部门都难以接受。

但张瑞敏明白：如果放行这些产品，就谈不上质量意识！我们不能用任何姑息的做法，来告诉大家可以生产这种带缺陷的冰箱，否则今天是 76 台，明天就可以是 760 台、7 600 台……所以必须实行强制措施，必须要有震撼作用！因而，张瑞敏选择了不变初衷！结果，就是一柄大锤，伴随着那阵阵巨响，真正砸醒了海尔人的质量意识！从此，在家电行业，海尔人砸毁 76 台不合格冰箱的故事就传开了。至于那把著名的大锤，海尔人已把它摆在了展览厅里，让每一个新员工参观时都牢牢记住它。

1999 年，张瑞敏曾在上海《财富》论坛上说："这把大锤对海尔今天走向世界，是立了大功的！可以说，这个举动在中国的企业改革中，等同于福特汽车流水线的改革。"

【点评】

企业管理的最大挑战，便是在事情出现不好的苗头时，就果断采取措施转变员工的思想观念。任何企业要走品牌战略的发展道路，质量就永远是生存之本。所以海尔提出："有缺陷的产品，就是废品！"而海尔的全面质量管理，推广的不是数理统计方法，而是提倡"优秀的产品是优秀的员工做出来的"，张瑞敏靠一把大锤，转变了员工的质量观念，建设出良好的企业文化。

（二）激励功能

企业文化倡导共同的价值观念使每个职工都感到自己存在和行为的价值，自我价值的实现是人的最高精神需求的一种满足，这种满足必将形成强大的激励。在以人为本的企业文化氛围中，领导与职工、职工与职工之间互相关心，互相支持。特别是领导对职工的关心，职工会感到受人尊重，自然会振奋精神，努力工作。另外，企业精神和企业形象对企业职工有着极大的鼓舞作用，特别是企业文化建设取得成功，在社会上产生影响时，企业职工会产生强烈的荣誉感和自豪感，他们会加倍努力，用自己的实际行动去维护企业的荣誉和形象。

案例分析1-9 海尔人才观的激励作用

"人人是人才，赛马不相马"

海尔赛马机制，包含三条原则：一是公平竞争，任人唯贤；二是职适其能，人尽其才；三是合理流动，动态管理。在用工制度上，实行一套优秀员工、合格员工、试用员工"三工并存，动态转换"的机制。在干部制度上，海尔对中层干部分类考核，每一位干部的职位都不是固定的，届满轮换。海尔人力资源开发和管理的要义是，充分发挥每个人的潜在能力，让每个人每天都能感到来自企业内部和市场的竞争压力，又能够将压力转换成竞争的动力，这就是企业持续发展的秘诀。

在海尔，很多在平凡工作岗位上普普通通的员工，能够用心去做自己的工作；一些生产线上普通的工人为了提高生产效率，搞一个技术改革，回家用自己的业余时间和钱去做。如果每个人都能够用心去创造，去发明，去把自己的工作再提高一步，不管什么困难企业都能克服！

海尔认为只要是人，都希望得到别人的尊重，都希望他自己的价值得到承认。只要员工为客户创造了价值，就应给予肯定，这就是管理的核心。

"人材、人才和人财"

张瑞敏对何为企业人才进行了分析，他提出企业里的人才可由低到高大致分为如下三类：

人材——这类人想干，也具备一些基本素质，但需要雕琢，企业要有投入，其本人也有要成材的愿望。

人才——这类人能够迅速融入工作、能够立刻上手。

人财——这类人通过其努力能为企业带来巨大财富。

"人才"的雏形，应该是"人材"。这是"人才"的毛坯，是"原材料"，需要企业花费时间去雕琢。但在如今堪称"生死时速"的激烈的市场竞争中，我们没有这个时间。

"人才"的发展是"人财"。对海尔来说，好用的人就是"人才"。"人才"是好用的，但是好用的人不等于就能为企业带来财富；作为最起码的素质，"人才"认同企业文化，但有了企业文化不一定立刻就能为企业创造价值。光有企业文化还不行，还要能为企业创造财富，这样的人方能成为"人财"。

无论是经过雕琢、可用的"人材"，还是立刻就能上手的、好用的"人才"都不是海尔的最终目的；海尔要寻求的是能为企业创造财富和价值的"人财"！只有"人财"才可以为企业创造财富、创造价值！海尔要想兴旺发达，就要充分发现、使用"人财"。

"今天是人才，明天未必还是人才"

人才的定义，就要看为社会创造价值的大小，每一位海尔人都应该而且能够成为人才，为社会创造更大的价值。人才是一个动态的概念，现在市场竞争非常激烈，今天是人才，明天就未必还是人才，海尔人应该不断自我超越，不断提高自身素质。

如何不断提高自身素质，做永远的人才？一定要有自己的理想、自己的目标！如果没有坚定的目标，在提高自身素质、自我挑战的过程中就会彷徨、动摇。每个海尔人都有自己的梦想，而这个梦想一定要和海尔创造世界名牌的大目标结合起来。

【点评】

海尔认为现在缺的不是人才，而是出人才的机制。管理者的责任就是要通过搭建"赛马场"为每个员工营造创新的空间。

（三）约束功能

企业文化的约束功能主要是通过完善管理制度和道德规范来实现。

1. 有效规章制度的约束

企业制度是企业文化的内容之一。企业制度是企业内部的法规，企业的领导者和企业职工必须遵守和执行，从而形成约束力。

案例讨论 1-3　海尔的规章制度

海尔集团制定了三条规定：在位要受控，升迁靠竞争，届满要轮流。

"在位要受控"有两个含义：一是干部主观上要能够自我控制、自我约束，有自律意识；二是集团要建立控制体系，控制工作方向、工作目标，避免犯方向性错误，再就是控制财务，避免违法违纪。

"升迁靠竞争"是指有关职能部门应建立一个更为明确的竞争体系，让优秀的人才能够顺着这个体系上来，让每个人既感到有压力，又能够尽情施展才华，不至于埋没人才。

"届满要轮流"是指主要干部在一个部门的时间应有任期，届满之后轮换部门。这样做是防止干部长期在一个部门工作，思路僵化，缺乏创造力与活力，导致部门工作没有新局面。轮流制对于年轻的干部还可增加锻炼机会，成为多面手，为企业今后的发展培养更多的人力资源。

【思考】

什么样的企业规章制度才有约束力？

2. 道德规范的约束

道德规范是从伦理关系的角度来约束企业领导者和职工的行为。如果人们违背了道德规范的要求，就会受到舆论的谴责，心理上会感到内疚。

案例分析 1-10　同仁堂的道德规范

中药行业著名的老字号企业"同仁堂"的企业精神就是"同修仁德，济世养生"，其"济世养生、精益求精、童叟无欺、一视同仁"的道德规范约束着全体员工必须严格按工艺规程操作，严格实施质量管理，严格执行纪律，其产品以其传统、严谨的制药工艺，显著的疗效享誉海内外。

【点评】

"同修仁德，济世养生"作为"同仁堂"的企业精神体现了这个老字号的企业对自身全体员工的伦理道德要求。也正是这种严格要求，使得"同仁堂"享誉全球。

（四）凝聚功能

企业文化是企业的黏合剂，可以把员工紧紧地黏合、团结在一起，使他们目的明确、协调一致。企业员工队伍凝聚力的基础是企业的根本目标。企业的根本目标选择正确，就能够把企业的利益和绝大多数员工的利益统一起来，是一个集体与个人双赢的目标。在此基础上企业就能够形成强大的凝聚力。否则的话，企业凝聚力的形成只能是一种幻想。以华为的企业文化为例，华为文化之所以能发挥使员工凝聚在一起的功能作用，关键在于隐含在华为核心价值观背后的假设系统。如"知识是资本"的假设，"智力资本是企业价值创造的主导要素"的假设。再如学雷锋的文化假设是：雷锋精神的核心本质就是奉献，做好本职工作就是奉献，踏踏实实地做好了本职工作的精神，就是雷锋精神。而华为的价值评价与价值分配系统保证使这种奉献得到合理的回报。正是这种文化的假设系统使全体华为人认同公司的目标，并把自己的人生追求与公司的目标相结合，帮助员工了解公司的政策，调节人与人之间、个人与团队之间、个人与公司之间的相互利益关系。从而形成文化对华为人的行为的牵引和约束。

案例讨论1-4 海尔和联想的领军人

1984年，张瑞敏由青岛市家电公司原副经理出任青岛电冰箱总厂厂长。他确立了"名牌战略"，带领员工抓住机遇，加快发展，创造了从无到有、从小到大、从弱到强的发展奇迹。二十多年来，海尔已由一个亏空147万元的集体小厂，发展成为中国家电第一品牌，并在全世界获得越来越高的美誉度。截至2015年，海尔在全球建立了24个制造工厂，四大研发基地，24个海外贸易公司，全球员工超过7万人。2015年，海尔全球营业额实现1 887亿元，被誉为世界白色家电第一品牌。

同样是1984年，柳传志与其他10名计算所员工以20万元人民币创办了中科院计算所新技术发展公司（联想前身）。经过三十几年的努力，联想从国有民营小企业，成长为我国旗舰型民营企业集团。柳传志曾说："争取追随者以身作则、身先士卒很重要。创业的时候，我没有高报酬，就凭着我多干，能力强，拿得少，来吸引住更多的志同道合的老同志。"在领导方式方面，柳传志认为："当企业小的时候，一定要身先士卒，但是当公司上了一定规模以后，一定要退下来。要做大事，非得退下来，用人去做。如果我一直身先士卒，就没有今天的联想了，我现在已经退到了制片人的角色。现在包括主持策划，都是由年轻人自己搞，杨元庆他们自己的事，由他自己主持策划，我只是谈谈未来的方向。"

【思考】

海尔和联想的领军人在企业中的作用是什么？

（五）创新功能

在知识经济时代，创新的作用得到空前强化，并升华成一种社会主题。由于企业文化的独特性越来越表现为企业差异化战略和企业的核心竞争力，创新变成了企业的生命源泉，同样都是做企业，靠什么说话才更有力？同样从事制造业，如何能使同类产品具有更优异的性能？同样从事服务，如何才能让消费者更愿意尝试和接受？唯有创新。

案例分析 1-11　2015IFA：海尔用产品"创新你的生活"

2015 年 9 月 4 日，柏林国际电子消费品展览会（IFA）在柏林会展中心正式拉开帷幕。本届 IFA 展的主题为"创新驱动更高消费"。这意味着，产品不应止步于满足人们的刚性需求，而应当向人们展现高于现实的图景，从而召唤起人的消费欲望。作为全球大型家电领军品牌，海尔 2015 年的主题是"Innovative Life"，即"创新你的生活"，给用户提供一个更便捷的生活。

海尔在展会上推出的干湿分储冰箱首次实现了"干区保存不返潮"和"湿区存放不脱水"双重保鲜功能，这样更好地保障蔬菜鲜嫩多汁，奶酪减少霉变。"A+++"智能双开门冰箱不仅刷新了欧洲市场能耗最低值，而且它的无霜保鲜技术不破坏食物细胞结构，能够减少营养流失。浴室的"魔镜"只需几秒就能显示出镜前人的各项生理指标，并且根据性别、喜好，建议性地给出包括热水温度、水量、娱乐版块、健康分析等信息。这些炫酷的家电从视觉上、味觉上和心理上着实激发了用户的好奇心与购买欲。

海尔空调向全球展示了全新的 3D 打印柜机空调。与此前展出的 3D 打印空调只是外观打印不同，这款空调首次实现了送风功能打印，搬回家就能正常使用。目前，3D 打印技术已经被广泛应用在房屋建筑、人体器官、汽车、服装等领域，而将这一技术应用在家用电器上，海尔空调尚属首次，并且已超前实现送风功能打印。这款最新的 3D 打印空调采用一体式设计，在空调未开启时，前面板是一个整体封闭的面，表面会有六边形的纹理。但当空调开启后，前面板会随出风需要沿表面六边形肌理"裂开"，形成大面积的缝隙，满足出风需要。

海尔在此次展会所展出的新水晶洗衣机也是极具 IFA 特色的创新科技产品。从 1956 年第一台滚筒洗衣机在欧洲诞生，滚筒洗衣机的发展经历了近 60 年的变化，包括欧洲很多顶级品牌在内的洗衣机内筒筒径最大尺寸仍仅为 495 毫米。而海尔此次在行业同体积下，以 525mm 的最大筒径真正实现了洗衣容量"以 1 抵 2"的颠覆。

海尔圣火 T1 系列燃气热水器就搭载了倍加安全技术，能够同时防护一氧化碳和甲烷，还可以检测整个厨房的用气环境，提高了洗浴的安全性。而海尔天沐系列空气能热水器的"跨临界循环排气压力控制技术"，让热水器能效比达到了 5.2。也就是说它能用 1 度电从空气中获取 5 度电所产生的热能，比普通电热水器节能 80%。

作为全球首个全面融入互联网基因的个人移动酒柜，海尔"微酒酷"不仅突破传统酒柜外观，以臻美弧线完成橡木酒桶的造型设计，将传统酒庄所代表的自然美学与当代格调族群的时尚需求碰撞相融，更实现了红酒存储的移动化、便捷化，充分通过产品属性和功能的创新，实现了对年轻一代消费者的辐射。

【点评】

创新的重点在于"新"而非"创"，只有新的亮点，别于其他同行业同类型产品，才能吸引顾客的眼球，才能取得与顾客接触的机会，进而实现合作。创新文化已经成为关系企业生死存亡的核心竞争力之一。

（六）辐射功能

企业文化不仅可以影响组织内部，还可影响外部环境，当发挥后者作用时，就被称为企业文化的辐射功能，也被称为扩散功能和外部功能。企业文化主要通过三条途径向外部辐射，即通过产品、通过员工、通过宣传。

产品是提供给市场，用于满足人们某种欲望和需要的事物，它包含了实物、服务、场所、组织观念等内容。作为组织与社会联系的重要载体，产品凝聚了组织的各种理念，如生产观、技术观、品牌观、审美观、服务观等，几乎所有的企业理念都会最终体现在产品上。当客户接触和使用产品时，他能通过产品感受到公司的文化，并潜移默化地受其感染。

员工是组织的成员，他们更能理解和传递企业文化。员工是企业文化的创造者，也是企业文化的实施者。长期熏陶的结果，会使他们的一言一行打上特有文化的烙印。同样背景的两个人，当他们在不同的公司中工作一段时间后，能明显地感到他们的差异。员工在工作中待人接物，在生活中与人相处，都会不由自主地将这种文化气息带给身边的人。

宣传工作是企业的一项重要工作，它是企业与社会沟通的途径。通过宣传，企业可以树立形象，扩大影响。张裕集团的"爱国、敬业、优质、争雄"精神，同仁堂的"德、诚、信"理念，海尔的"斜坡球体"理论……这些企业文化通过各种媒介向外宣传，目的是让社会理解企业，从而进一步接受产品。然而这些文化的传播不仅让公众理解企业，更是渗透进社会文化系统中。

企业文化的各种功能密切联系，相互作用，形成一种系统、综合的整体的功能。共同对企业的发展产生推动作用。此外，企业文化不仅在本企业内发挥作用，而且还有不断向社会散发和辐射优秀企业精神的功能，从而促进社会的精神文明建设和社会主义的发展。

二、企业文化的类型

案例讨论 1-5 两份不同的通知

两家公司组织员工去深圳欢乐谷游玩，由人事部发出游玩通知，通知的主题基本相同，活动原则也几乎一致：一天时间，公司提供门票和来回用车。

其中一家公司的通知是这么写的：经研究决定，拟定于三八妇女节组织全体员工去深圳欢乐谷游玩，时间一天，全体员工务必带好身份证、边防证，于当日早上八点前集合，否则，后果自负。另外，单位只负责门票和来回车费，游玩期间，伙食自理。无特殊情况，不得请假。

而另一家公司是这样在告示牌上"通知"大家的。邀请书：如果你想尖叫而办公室里又不允许；如果你想牵漂亮妹妹的手而又找不到借口和机会；如果你想忘记无处发泄的郁闷和不快——那么，请在下面签下你的大名，参加公司的"深圳欢乐谷之旅"吧！在一大堆横写竖画的名字（包括几个老总的名字）中挤进了自己的名字。在起程前一天，两位年轻的同事微笑着送出两样东西——一张门票，还有一张制作精美的卡片：恭喜你已成为我欢乐之旅的成员！请你做好行前准备：①带好边防证、身份证；保管好你的门票。②让你轻松、保暖的衣服。③约好你的朋友。④如果你嫌开私家车麻烦步行又太累，请早上八点前到公司门前乘车。⑤如果你不吃不喝，可以不带一分钱。祝大家玩得愉快！

两份通知，两种不一样的游玩心情，反映出两种不同的企业文化，收到的当然是两种不一样的效果。难道你不更为后一种企业文化而会心一笑吗？从通知中我们可以鲜明地看出两个企业在文化上的巨大差异。

【思考】

从上述不同的两份通知中，你得到了什么启示？

关于企业文化分类，E.沙因（1985）曾说："多位研究者对文化本身的定义并没有太多的改变，但因分类方式的不同，使得企业文化被分割成许多不同的类型。"对于企业文化类型，简单概述如下：

（一）按照企业的任务和经营方式的不同

美国企业管理家 E. 戴尔和 A. 肯尼迪，在深入考察世界 500 强企业后，发现大部分企业的文化可概括为以下四种类型：

1．硬汉式的企业文化

其特点是：自信，个人主义挂帅，追求最佳及完美，提倡冒险精神、创新意识。鼓励企业内部的竞争，不断创新为企业的价值追求。企业风险高。

2．努力工作及尽情享乐文化

其特点是：工作与娱乐并重，企业成员喜欢采用低风险、迅速回报的方式来取得成功。以紧张的努力工作来增强企业实力，避免大的风险。

3．以公司为赌注的文化

其特点是：决策中包含的赌注极大，需要几年后才知道结果。

4．注重过程文化

其特点是：很少回报或完全没有回报，成员很难衡量自己所做的事，只能把全部精神放在"如何做"上，也称"官僚"文化。

（二）按照企业的状态和作风的不同

1．有活力的企业文化

其特点是：重组织、追求革新，有明确的目标，面向外部，上下左右沟通良好，责任心强。

2．停滞型企业文化

其特点是：急功近利，无远大目标，带有利己倾向，自我保全、面向内部，行动迟缓，不负责任。

3．官僚型企业文化

其特点是：例行公事，官样文章。

（三）按照企业的性质和规模的不同

1．温室型

这是传统国有企业所特有的。对外部环境不感兴趣，缺乏冒险精神，缺乏激励和约束。

2．拾穗者型

中小型企业特有。战略随环境变动而转移，其组织结构缺乏秩序，职能比较分散。价值体系的基础是尊重领导人。

3．菜园型

力图维护在传统市场的统治地位，家长式经营，工作人员的激励处于较低水平。

4．大型种植物型

大企业特有。其特点是，不断适应环境变化，工作人员的主动性、积极性受到激励。

（四）按照企业对各种因素重视的程度不同

1．科层型

垄断的市场中从事经营的公司所拥有。特点是非个性化的管理作风，金字塔式组织结构，注重对标准、规范和刻板程序的遵循，组织内部缺乏竞争，人们暗地里钩心斗角。

2．职业经理型

其特点是工作导向，有明确的标准，严格的奖惩制度，组织结构富于灵活性，内部竞争激烈。

3．技术型

其特点是技术专家掌权，家长式作风，着重依赖技术秘诀、职能制组织结构。

第四节　企业文化的兴起与发展

◤ 引导案例

从书画义卖的魅力看企业文化发展

在某县举办的"汪晓亮先生书法作品爱心捐赠义卖启动仪式"活动上，义卖全部所得捐给了两位贫困学生，使他们圆了大学梦，这就是文化的魅力。

怎样更好地把文化融入企业，汪晓亮先生书法作品爱心捐赠，带了一个好头。在当前全球经济处于一体化趋势下，许多管理者都意识到文化对打造企业品牌的重要性。自从西方"麦当劳""肯德基"打入中国市场以来，就毫不动摇地展示了文化的威力。从而，市场竞争前沿是文化已成为众多创业者的共识。为报效党的富民之恩，这些年来，一大批优秀社会主义事业建设者们坚持"义利兼顾，德行并重，发展企业，回报社会"这一文化理念，他们与文化人一道，以媒体为导向，积极开展了先富带后富、扶贫济困、修桥铺路、投资办校，实施"员工不是打工仔，同是企业主人翁"的企业主题文化工程……这些活动的开展，极大地推进了企业文化建设，可歌可颂。

文化是企业发展取之不尽，用之不竭的源泉。在东阳，绝大多数紫湖人创业起步于2010年，不到三年时间，红木家具产值达数亿元，安排紫湖剩余劳力2 000多人就业。三年打造成继广东中山、福建仙游后国内最大的红木家具市场之一。东阳玉山商会，除了确保家具质量外，大多产品都把中外名书画家佳品融入雕刻之中，像《清明上河图》、岳飞《满江红》、毛泽东同志《长征》七律等都镶嵌在红木家具内，图案造型十分壮观，很多人见了爱不释手，纷纷前来订货。

"为天地立心，为生民立命，为往圣继绝学，为万世开太平"。这是北宋大儒张载的名言，以此之勉，并衷心希望更多的文化能为我们这个时代担当更多重要使命。

【思考】

企业文化对企业发展有何意义？

一、企业文化产生的历史背景

在 20 世纪 80 年代初期，日本以仅占世界总面积的 0.25%、区区 37 万平方公里陆地国土面积；以世界人口的 2.7%共计 1.18 亿国民，创造了高达 10 300 亿美元生产总值，占世界生产总值的 8.6%，成为世界经济第二大国，直接挑战美国。

1981 年，美国对日本的贸易逆差达历史最高纪录——180 亿美元，占美国贸易赤字总额的 45%。1985 年，销售量雄居世界之首的美国 IBM 公司以转让计算机制造技术为条件，获准在日本制造并销售 IBM 计算机，从而打开了日本市场。然而，好景不长，IBM 很快被富士、三菱和日本电器从日本市场上给赶了出去。不仅如此，IBM 在中国香港的市场被富士以低于 IBM50%的价格夺走。同样，美国接连失去了菲律宾、马来西亚、泰国、新加坡等国市场。美国在东亚节节败退。屡遭失败的美国终于扯下"贸易自由"的面纱，联合其欧洲伙伴筑起了贸易壁垒，对日本实行经济制裁。然而，日本人巧妙地用资本输出替代了产品出口，在美国及其伙伴的土地上办起了高挂太阳旗的公司，开起了日本工厂！

日本咄咄逼人的挑战，引起了美国社会的震惊。里根政府商务部长助理克莱德·普雷斯托茨惊呼："美国的时代已经结束了，20 世纪发生的最大事件是日本以超级大国的姿态出现在世界上。"人们在震惊之余，不免思考：是什么力量促使日本经济持续、高速增长？日本靠什么实现了经济崛起？日本经济凭什么对美国乃至西欧经济形成了挑战？

日本是岛国，资源贫乏，火山、地震不断；日本是后起的工业国，资本积累几乎等于零；日本的科学技术一度落后，既没有像中国一样辉煌灿烂的古代文化，也没有像欧洲那样的现代科学技术；日本是战败国，饱受战争创伤，既要担负巨额赔款，又要在美军占领下，其政治、经济和文化发展都曾丧失独立性。在这样的条件下，日本经济竟然崛起了，用了不足 20 年时间，简直不可思议！

20 世纪 70 年代开始，有些美国学者就把眼光投向日本，旨在探究日本成功的奥秘，寻求美国屡屡输给日本的原因之所在。20 世纪 70 年代末 80 年代初，美国学术界出现了日本热，卷入的不仅有管理学者，而且有社会学、心理学、文化人类学等诸多学科学者。他们不远万里，远渡重洋，来到这个东亚岛国，为重振美国经济取经寻宝。

美国学者经过精心的研究、比较、探究终于发现日本崛起的真正原因，那就是两国明显差异化的企业文化。人们注意到日美企业管理模式的不同，发现美国式理性化管理缺乏灵活性，不利于发挥人们的创造性和与企业长期共存的信念；而塑造一种有利于创新和将价值与心理因素整合的文化，才真正对长期经营业绩和企业的发展起着潜在的却又至关重要的作用。

二、企业文化产生的理论背景

1981 年，美国加利福尼亚大学美籍日裔教授威廉·大内出版了《Z 理论——美国企业界怎样迎接日本的挑战》，该书分析了企业管理与文化的关系，提出了"Z 型文化""Z 型组织"等概念，认为企业的控制机制是完全被文化所包容的。1982 年，特雷斯•迪尔和艾兰•肯尼迪出版了《企业文化》一书，他们提出，杰出而成功的公司大都有强有力的企业文化，他们在这本书中还提出，企业文化的要素有五项：①企业环境；②价值观；③英雄；④仪式；⑤文化网络。其中，价值观是核心要素。该书还提出了企业文化的分析方法，应当运用管理咨询的方法，先从表面开始，逐步深入观察公司的无意识行为。同年，美国著名管理专家托马斯•彼得斯与小罗伯特•沃特曼合著《寻求优势——美国最成功公司的经验》，研究并总结了 3 家优秀的革新型公司的管理，发现这些公司都以公司文化为动力、方向和控制手段，因而取得了惊人的成就，这就是企业文化的力量。这三本著作与帕斯卡尔和阿索斯合著的《日本的管理艺术》，合称为企业文化研究的四重奏，这标志着企业文化研究的兴起。

三、中国企业文化的发展

（一）中国企业文化的兴起

20 世纪 80 年代初，国际企业文化潮流兴起，80 年代中期企业文化理论传入中国。顺应国际企业文化兴起的大潮，吸收国外一些企业文化建设的先进经验，中国许多企业根据具体实际情况，开展了各具特色的企业文化建设。和国外相比，中国企业文化的实践和理论总结，从总体上看起步并不算晚，但是就自觉的理论建设以及同生产经营相结合取得实效来说，存在的差距比较大。

当代中国的企业文化，与改革开放共命运，与国际企业文化潮流相耦合。其发展过程大致上可以分三个阶段。

（1）第一阶段：及时引进，开始实践。企业文化理论传入我国是在 20 世纪 80 年代，"舶来品"一上岸就受到我国理论界和企业界的关注和欢迎。国内学术界最早介绍企业文化的是《世界经济》杂志 1982 年第 10 期发表的杨斌关于《Z 理论》和《日本企业管理艺术》两部企业文化名著的评价文章，但并未出现"企业文化"的字样。而后，国内陆续引进和介绍了国外企业文化理论学说，翻译出版了大量著作，这为我国的企业文化建设奠定了基础。在这个时期，企业文化的研究以探讨基本理论、总结历史经验为主，并分析企业文化产生作用的内在机制，以及企业文化与企业领导、组织气氛、人力资源、企业环境、企业策略等企业管理过程的关系。

20 世纪 80 年代中期，中国出现了第一次企业文化热。许多企业把培育企业精神、建设企业文化列入议事日程。一些企业（如北京电视机厂）还设立了企业文化处。当时注重的是企业精神、企业口号、企业作风、企业风貌等。各地举办过多次企业文化研讨会，各种企业文化学术团体及刊物如雨后春笋般出现。企业文化"热"起来了，但许多人并不认为这种"热"是正常和合法的。我国不少媒体在列举资产阶级自由化的种种表现时，甚至列出一条"用企业文化冲击思想政治工作"。如果企业文化真的是对思想政治工作的冲击，那就是对四项基本原则的冲击，就没有"合法"的地位。在这个初始阶段上"热"起来的企业文化，需要争取自己的合法地位。

20 世纪 80 年代后期，当企业文化在我国逐渐"热"起来的时候，在 1988 年发布的《中共中央关于加强和改进企业思想政治工作的通知》中，虽然没有出现"企业文化"一词，但提出了要"大力培育富有特色的企业精神，把实现四化、振兴中华的共同理想同企业承担的特定任务结合起来"。这个通知，在企业文化热的社会背景下，使得"把塑造企业精神作为企业文化抓手"的观念，成了中国所有企业的共识。实际上，这就为企业文化建设与精神文明建设的结合，奠定了政策和思想基础。

（2）第二阶段：进入坦途，形成热潮。这个阶段，是我国坚持深化改革和扩大开放的时期，覆盖了 20 世纪 90 年代。90 年代中期，以企业形象建设为重点，掀起了"企业文化热"，涌现出一批形成了先进企业文化模式的企业。如首钢集团、海尔集团、联想集团、小天鹅集团、东方汽车集团、大庆炼化公司、沈飞集团公司、西安杨森集团、双鹤药业、中国新时代集团、大连三洋制冷、长安汽车集团、北京城建集团、平安保险公司等。这个时期，注重研究组织文化，塑造企业形象，进而对企业文化与企业经营业绩进行追踪研究，并开始了定量化研究，提出企业文化的测量、诊断和评估的模型，注重可操作化和实证性，并且注重企业文化与组织管理、领导艺术、企业竞争力、人力资源、企业竞争战略等的研究，同时开展了企业文化与跨社会文化和生态环境的研究等。

20 世纪 90 年代，中国也出版了不少有关企业文化的书籍。如著名经济学家厉以宁主编的企业文化丛书；杨宗兰、荣德邻主编的企业文化丛书等。罗长海最先提出创立"企业文化学"这门学科，撰著了《企业文化学》一书。

另外，中国企业联合会、中国企业家协会、中国企业文化研究会、中国企业文化促进会等，为企业文化建设、组织培训等做了大量的工作。这些机构或一些管理咨询公司办了一些网站，如中华企业文化网、企业文化网、中国企业文化网、世界企业文化网等，许多管理咨询公司的网站都包含企业文化的内容。

（3）第三阶段：求活创新，着眼全球。跨入新世纪，知识经济热浪滚滚，全球化愈演愈烈，我国加入了世界贸易组织，由此引发第三次"企业文化热"。越来越多的企业认识到企业文化对企业管理和可持续发展的重要意义，而且把企业文化作为企业的核心竞争力，把企业建成学习型组织。与前两次"企业文化热"相比，这一次"企业文化热"有了质的飞跃，上升到战略的高度，具有全球化的视野，有着与时俱进的时代特征。这个阶段企业文化的基本特征，可以用"求活创新、着眼全球"来概括。通俗地说：中国企业文化就要"活"起来并"火"下去。

从根源上看，企业文化是适应企业本身"求生存、谋发展"的需要而产生的。只要企业本身在追求发展，企业文化就必然要"活"起来和"火"下去。中国企业文化在其发展的第一和第二个阶段上，之所以会遇到曲折，正在于那个时候从计划经济体制下刚刚脱胎而来的中国企业，还没有建立现代企业制度。随着加入 WTO，中国企业逐步明确自己的定位，已经是真正意义上的企业。建设和培育先进的企业文化，成了中国大多数企业内在的迫切要求，已经体会到"没有先进的企业文化就没有生存和发展的空间"。

从现象上看，中国大多数中小企业都想做大做长，许多大型企业都想做强，那些已经成为世界 500 强的中国企业也还想做高做精做尖，想成为所在行业的全球领跑者。各类企业这种持续向上的追求，是中国企业文化就要"活"起来并"火"下去的持续内在动力。

从内容上看，在这个阶段，中国企业所要建设的企业文化，既不是自发形态的，不是以前阶段上常常看到的那种形式主义的企业文化，也不是缺乏理论指导的纯操作形态和经验形态的企业文化，而是追求建立理论和实践相结合的，能够给本企业带来光明未来的，与本企业所处的时间、地点、条件相适合的卓越的企业文化。这也就是要建设"活"的企业文化，是能够使本企业长期"红红火火"办下去的企业文化。

从参照视点上看，为了建设能够使企业长期"红红火火"办下去的"活"企业文化，中国企业的借鉴目光将集中在那些"创新很多""成长很快""办得很旺""活得很长""布点很广"的全球500强的企业文化。借鉴的目光，不是投向这些"超级"企业的抽象口号，而是集中关注它们在各自具体的时间、地点、条件下，它们各自面临的种种严峻挑战的情况下，如何思考、如何动作、如何应战取胜，也就是集中关注这些公司的"活"的企业文化。例如，关注沃尔玛公司是怎样从无到有、从小到大、从农村走向城市，使一个看似普通的百货连锁店成为在全球所有企业中排名第一的企业；关注三星集团采用"第一主义"理念，不断创新，"除了妻儿，一切都要变"，而成为电子市场的领跑者。中国企业要以世界卓越企业为参照的视点，是中国企业自己要做大、做强、做久、做活、做火的反映。

21世纪，是"文化管理"的时代，也是"文化制胜"的时代。企业文化建设，成为企业管理的关键环节、企业竞争的重要方面。一个内聚人心、外塑形象的企业文化建设热潮，必将推动中国企业增强竞争力，走向世界，为人类做出更大的贡献。要在世界市场上站稳脚跟，取得优势，关键在于有定位准确的企业战略、敢为人先的技术创新、卓越独特的品牌产品，归根到底要依靠提升企业家的战略思维能力、提高员工的素质、提升核心竞争力、形成可持续发展的企业文化氛围。企业文化作为企业管理的一个分支学科，已开始进入大学的课程设置。

（二）中国企业文化发展趋势

建设出一套优秀的企业文化，使企业和企业文化互相协调、互相补充、互相促进，才能使企业长远、持续发展，而认清中国现代企业文化的发展趋势，对于正确发挥企业文化的作用和优势，将起着积极的推动作用。

新经济时代企业文化发展已出现6种发展趋势：

（1）企业文化要适应"结盟取胜、双赢模式"新战略发展的要求。这是一种适应新经济需要的网络型战略，是企业界组织制度和经营机制的一种创新，使企业更具生命力、凝聚力和竞争力。

（2）注意学习氛围的培养。20世纪末最成功的企业是学习型组织，随着企业管理的核心转为发挥人的主观能动性，实现从线性思维到系统思维和创造性思维的转变，对个人及企业的知识水平提出了更高的要求。

（3）与生态文化有机的结合。生态文化是新型的管理理论，与企业文化同属于一种以持续发展为目标的发展观，企业文化的发展需要与生态文化相结合。

（4）将更注重于树立良好的企业形象。良好的企业形象是一笔巨大的无形资产。21世纪企业竞争除了人才、科技竞争外，谁最先发现消费空档，以良好形象占据消费者的心，谁就能占据市场。

（5）更注重企业精神与企业价值观的人格化。价值观是企业文化的核心，要努力培育"生死与共"的价值观。

（6）企业文化从商业氛围中升华出来，更重视人。商业化管理的本质是以物为中心，忽视人的因素。企业文化更注重于人的因素，倡导以人为中心的人本管理。

![案例讨论图标] **案例讨论 1-6　海尔"斜坡球体"理论**

企业在市场上所处的位置，就如同斜坡上的一个球体，它受到来自市场竞争和内部员工惰性而形成的压力，如果没有止动力，就会下滑，为使企业在斜坡（市场）上的位置保持不下滑，就需要强化内部基础管理这一止动力，如图 1-2 所示。

图 1-2　斜坡球体理论

"斜坡球体定律"的公式是：$A=(F_{动}-F_{阻})/M$，即企业发展的加速度，与企业发展动力之和与阻力之和的差值成正比，与企业的规模成反比。其中：

A 代表企业发展的加速度。

$F_{动}$ 代表企业发展的动力之和（$F_{动1}+F_{动2}+F_{动3}$）。企业的动力有三个：一是基础管理的止退力；二是优质产品、优质服务、科技发展的提升力；三是创国际名牌、市场占有率扩大的推动力。

$F_{阻}$ 代表影响企业发展的阻力之和（$F_{阻1}+F_{阻2}$）——海尔常谈到的阻力有两个：一是来自企业内部自身惰性的下滑力；二是来自企业外部竞争对手的压力。

M 代表企业的质量，即规模。

海尔认为，日事日毕解决基础管理的问题，使 $F_{动1}>F_{阻1}$；日清日高解决速度的问题，使 $F_{动2}+F_{动3}>F_{阻2}$。这个理论主要是针对中国的实际情况而提出的。中国企业最麻烦的一个问题就是一种标准的贯彻或者一种规章制度的要求，今天达到了，明天可能就达不到。在外国发达企业，这种情况似乎就不存在。他要求你做到什么程序，一旦你达到了，一般不会再改变。而中国企业则非常现实，比方说要求你将桌子擦干净，今天你擦干净了，明天就差点，后天可能就不擦了。因此就必须不停地要求，海尔把这叫作"反复抓，抓反复"。合资企业的外国人到现在也理解不了，告诉他这样做，他也会做了，怎么过一个星期就走样了，就干得不对了？所以海尔的"斜坡球体"理论形象地来说就是，基础工作稍微差一点，就要滑下去，一旦滑下去，这个名牌就完了。因为就名牌而言，很重要的一点就是全员性，从整个系统来讲每一个环节很是重要，如果每一个人的工作都差一点，那么这个名牌就差多了。和国际名牌的竞争，海尔是小差距和大差别。从产品上来看，可能差距不大，可能是那么点粗糙，这儿不够光滑，可就是差那么一点，恰恰看出了管理上和人员素质上的巨大差异。所以，海尔这个"斜坡球体理论"就是要顶住，不要让它滑下去，在这个前提下，才能谈别的。

【思考】

从"斜坡球体"理论中你得到了哪些启示？

本 章 小 结

本章主要围绕企业文化的相关知识，设置各节的知识目标，内容具体涵盖：文化、企业文化的定义与特征、优秀企业文化的特征；企业文化的构成要素；企业文化的功能和类型；企业文化的发展等。通过本章节学习，读者能够扎实地掌握企业文化的相关知识并能够熟练地加以运用。完成本章节学习后为后续章节的学习奠定了良好的基础。

同 步 测 试

一、单项选择题

1. 主要解决办企业是为了什么，企业追求什么样的目标，企业提倡什么、反对什么、以什么样的指导思想进行经营管理等方面的问题，这是企业文化的（   ）。

    A．企业价值观   B．企业精神   C．企业伦理道德   D．企业风貌与形象

2. （   ）企业文化是从企业的任务和经营方式上划分出来的。

    A．温室型   B．科层型   C．硬汉式   D．官僚型

3. 企业的（   ）主要是通过完善管理制度和道德规范来实现。

    A．导向功能   B．约束功能   C．激励功能   D．辐射功能

4. 从历史背景看，企业文化产生于（   ）。

    A．美国   B．日本   C．德国   D．中国

5. 企业文化的表层文化是（   ）。

    A．精神文化   B．物质文化   C．行为文化   D．制度文化

二、多项选择题

1. 从企业文化管理角度来看，（   ）是企业文化的内容。

    A．企业价值观   B．企业精神   C．企业激励   D．企业形象

2. 以下（   ）是企业文化的功能。

    A．凝聚功能   B．导向功能   C．激励功能   D．教化功能

3. 按照企业的性质和规模的不同可将企业文化分为（   ）。

    A．温室型   B．拾穗者型   C．菜园型   D．官僚型

4. 企业精神文化包含（   ）。

    A．企业哲学   B．企业精神   C．企业价值观   D．企业经营宗旨

5. 企业文化的特征包括（   ）。

    A．人文性   B．集体性   C．综合性   D．时代性

三、简答题

1. 如何理解企业文化的内涵？
2. 按照企业的任务和经营方式可将企业文化划分为哪几种类型？
3. 企业文化分别由哪些要素构成？
4. 简述企业的精神文化？

5．简述企业文化的功能是什么？

四、案例分析题

文化就是力量

美国密歇根大学管理学院一位教授对 GE 执行总裁杰克·韦尔奇评价道："20 世纪有两个伟大的企业领导人，一位是 GM 的斯隆，另一位则是 GE 的韦尔奇。但两个人比较起来，韦尔奇又略胜一筹。因为韦尔奇为 21 世纪的经理人树立了一个榜样。"韦尔奇是在 1981 年坐上 GE 第一把交椅的，那时候他只有 45 岁，是 GE 历史上最年轻的总裁。1998 年，GE 的市场价值从原来的 120 亿美元，增值到 2 800 亿美元。韦尔奇的管理模式可用一个简单的英文单词力量（FORCE）来代表，F 代表弹性（Flexible）；O 代表条理（Organizational）；R 指的是以"结果"挂帅（Result-orientated）；C 是沟通（Communication）；而 E 则代表教育（Education）。韦尔奇的这套管理原则，印证了独特的企业文化，巧妙地印证了"文化就是力量（FORCE）"的名言，不但为 GE 获得了巨大的成绩，也为管理界留下了新的文化模式。

【思考】

1．如何理解文化就是力量？

2．请分析韦尔奇的"FORCE"文化模式。

职 业 实 训

【实训目的】通过本次职业实训，学生能充分理解企业文化的相关知识，撰写、分析案例，并进行案例说明和资料展示，最终达到学生合理思考和周密分析问题能力的目的。

【实训要求】学生 3 人为一小组，利用各种方法收集企业文化方面的案例。

该任务在教师指导下完成，指导教师需指定任务指导书以规范学生行动，并对任务实施进行全程指导监控。案例中要包含企业精神文化、制度文化、行为文化、物质文化四个要素。

【实训成果】教师根据以下标准给予学生评定：①能够准时完成；②案例中是否包含企业文化的四个要素；③案例内容上是否丰富，能够进行文化熏陶和渗透。

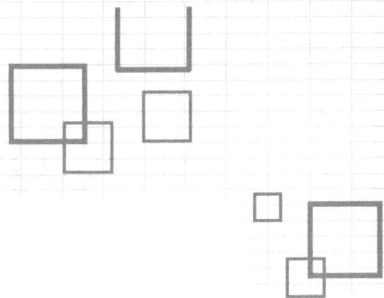

第二章
企业精神文化

学习目标

➲ **知识目标**
1. 掌握企业价值观的功能
2. 理解企业伦理道德和企业家精神的主要内容
3. 了解展示企业员工风貌的方法
4. 掌握企业精神的来源与企业精神文化建设的运作方法

➲ **能力目标**
1. 能解释企业价值观和企业伦理道德
2. 能组织企业相关文体活动
3. 能写出企业精神文化建设的方案

第一节 企业价值观

引导案例

理念决定行为，行为决定结果

我国老一代的民族企业家卢作孚于1926年创建了民生轮船公司，最初只有一条70马力（1马力=735.499瓦）的小客轮和30名职工。在20年时间里，他把民生公司发展成为拥有148艘轮船的全国最大的民营轮船公司，这在一定程度上，归功于他所秉持的文化理念。他提出了公司的16字宗旨——"服务社会、便利人群、开发产业、富强国家"，还提出了一个著名口号——"公司问题职工解决，职工问题公司解决"，并把这个口号印在员工的床单上、茶杯上，以培养职工与公司同生存、共荣辱的价值观。他阐述出民生的精神是：爱事业、爱国家，要求公司员工应该具有"个人的工作是超报酬的，事业的任务是超经济的"的思想。他亲自举办的轮船茶房训练和理化班均富有特色。他的经营以人为轴心，富有独创精神，网罗到大批的人才，为民生公司的发展打下了坚实的基础。

【思考】从这个案例中你得到了什么启示？

一、企业价值观的概念

（一）企业价值观的含义

企业价值观是指企业在市场经营活动中，经过价值选择活动而形成的为企业广大员工一致赞同的关于企业含义的终极判断，反映着企业对其生产经营和目标追求中价值关系的基本观点。企业价值观是长期积淀的产物，是把所有员工联系在一起的纽带，是企业生存发展的内在动力，是企业行为规范制度的基础。

企业价值观简而言之，就是企业决策者对企业性质、目标、经营方式的取向所做出的选择，是为员工所接受的共同观念。在对企业价值观进行理解时，需注意以下几方面：

首先，企业价值观是有意识培育的结果，而不是自发产生的，是企业用以判断企业运行当中大是大非的根本原则，是企业提倡什么、反对什么、赞赏什么、批判什么的真实写照。

其次，企业价值观是企业在经营过程中坚持不懈，努力使全体员工都必须信奉的信条。

最后，企业价值观是解决企业在发展过程中如何处理内外矛盾的一系列准则，如企业对市场、对客户、对员工等的看法或态度，它是企业表明企业如何生存的主张。

案例讨论 2-1　阿里巴巴的价值观考核

对任何一家公司来说，销售都占据着极其重要的地位。在以业绩为主要 KPI 指标的考核体系里，良好的业绩能确保员工在考核中处于优势地位。因此，一位员工如果业绩优良，即便有些其他缺陷，也总是能被容忍。通常，这样的员工都是主动跳槽离开，很少有被炒鱿鱼的。对老板来说，炒掉一名能给他带来丰厚收入的员工，无疑需要不同寻常的理由。

有这么一家公司，就给老板炒掉业绩优良的员工设定了一个"正常"的理由。

这家公司的考核体系是这样的：员工的价值观与业绩各占 50%的权重。员工通过考核被分成三种：有业绩，但价值观不符合的，被称为"野狗"；事事老好人，但没有业绩的，被称为"小白兔"；有业绩，也有团队精神的，被称为"猎犬"。

这家公司需要的人才，是"猎犬"，而不是"小白兔"和"野狗"，对"小白兔"可以通过业务培训来提升他们的专业素质，而对于"野狗"，在教化无力的情况下，一般都会坚决清除。

某年，该公司山东分公司的一名员工发展了一家客户，给公司带来了 6 位数的收入。但是，以公司当时的能力来说，并没有办法帮助客户从这笔生意里拿到他们想要的利益，说白了，业务员把客户给忽悠了。这名员工因此得到了"野狗"的绩效评定，公司不仅把这单生意的收入退给了客户，业务员也因为价值观不符而离开了公司。

客户利益第一，只是这家公司价值观的第一项标准。整个价值观体系共分为六个维度：客户第一、团队合作、拥抱变化、诚信、激情、敬业。价值观听起来虚无缥缈，如何定性考核？公司将每一条价值观都细分出了 5 个行为指南，这 30 项指标，就成为价值观考核的全部内容。

公司还有一项更加严格的规定：谁给客户一分钱回扣，不管他是谁，都请他立刻离开。就是这样严肃的"军纪"，公司不知辞退了多少销售人员。

公司的招聘程序也是精心设计的，新员工一般都要经过主管业务部门、人力资源部门、主管副总裁等几道面试才能正式入职，面试最核心的问题就是"看人"：从一开始就尽量寻找与公司价值观相近的人才，这样才能有效提高"存活率"。

最开始，价值观的考核还只针对总监以下级别的员工，随着公司规模的扩大、空降高管的增多，从2007年开始，公司把价值观考核提升到更高层次，包括总监、副总裁在内的全体员工都需要接受考核。

你或许会奇怪，这样严格又另类的考核方式，这种公司真的能存在并且发展下去吗？

当然可以。这家公司就是中国互联网电子商务的领军企业——阿里巴巴。

相信不用做更多解释，2011年阿里巴巴CEO卫哲引咎辞职事件，已经是对坚持价值观式管理优弊的最好诠释。

【思考】

你是怎样看待阿里巴巴的价值观考核的？

（二）企业价值观的特点

（1）共享性。企业价值观是企业所有员工的共同信仰。

（2）稳定性。优秀的企业价值观是连续的，在社会变化的过程中，它被不断完善，与时俱进，从而也是长效的。

（3）协调性。优秀的企业价值观强调和追求可持续发展，重视经济效益和贡献的统一，追求经济效益与社会效益的统一。

（4）导向性。企业价值观对企业及员工行为能起到导向、规范和约束作用。企业价值观对企业和员工行为的导向和规范作用，不是通过制度、规章等硬性管理手段实现的，而是通过群体氛围和共同意识引导来实现的。

（5）复合性。企业价值观集中了许多不同的要素，包括社会、企业、股东和员工。一方面，每一个要素都与企业价值观有着密不可分的联系，另一方面，各个要素之间又存在着各种形式的联系。

二、企业价值观的类型

（一）从重要性和层次结构的角度划分

（1）主导价值观。它是指企业中占据主流地位的一些价值观。在主导价值观中，又可分为核心价值观和非核心价值观。企业价值观体系是一个以核心价值观为中心而组成的一个有层次的结构，其中核心价值观处于支配地位。

（2）非主导价值观。它是指占据非主流地位的价值观。

（二）从表现上划分

（1）理性的、深层次的价值观。它指那些抽象的价值信条。

（2）感性的、表层的价值观。它指那些在日常行为中判断是非、好坏的标准。表层价值观体现着深层次的、理性的价值观，是整个价值观的外层和外围。

（三）从内容上划分

（1）动力型观念。它以经济效益为中心，包括市场观念、质量观念、成本观念等，其作用特点在于可以从内部驱动企业员工的工作积极性。

（2）压力型观念。它以竞争观念为中心，包括科技观念、信誉观念等。

（四）从发展历史划分

（1）最大利润价值观。它是指企业全部管理决策和行动都围绕如何获取最大利润这一标准来评价企业经营的好坏。这是一种最古老、最简单、局限性最大的价值观念。企业全部管理决策和行为都必须服从最大利润这一终极目标，企业的利润率高低也就成为评价经营管理好坏的唯一标准。这种价值观在18世纪～20世纪初的工业化国家中盛行，目前仍有许多企业固守着这个观念。

（2）经营管理价值观。它是指企业在规模扩大、组织复杂、投资巨额而投资者分散的条件下，管理者受投资者的委托，从事经营管理而形成的价值观。20世纪20年代开始，企业规模不断扩大、组织越来越复杂、投资巨额而投资者越来越分散，于是管理者受投资者的委托从事经营管理，企业不能只顾投资者取得最大的利润，而是要使各方面的利益相关者都感到满意。从投资者的角度来说，对经营管理好坏的评价标准不再是"利润最大化"，而是有一定限度的"满意的利润"，因为还要同时让其他利益相关者满意，比如员工（报酬）、政府（税收）等等。

（3）企业社会互利价值观。这是20世纪70年代后兴起的一种价值观，认为在确定企业利润水平时，不仅要考虑企业所有者的利益、直接利益相关者的利益，还要考虑到社会责任和公众利益，做到"6S"（顾客满意、员工满意、经营者满意、社会满意、世界满意、地球满意）。

案例分析 2-1　杜邦公司的"安全、健康和环保、商业道德、尊重他人和平等待人"

创建于1802年的杜邦公司，目前业务遍布全球70多个国家和地区，成功融合各种文化背景的平台就是杜邦公司两个世纪来所形成和一直遵循的"企业核心价值"，具体地说就是"安全、健康和环保、商业道德、尊重他人和平等待人"。这四个价值观反映了人们的共同渴望，具有很强的包容性和兼容性，而以此为根本的杜邦公司企业文化，通过强有力的制度保障贯穿于杜邦公司全球经营和社会活动的始终。

杜邦公司从20世纪80年代初开始在中国经营业务，从一开始就把公司的核心价值观引入经营活动之中。三十多年的实践表明，杜邦公司文化的概念是行之有效的。有人说，中西方在环保上的意识差异很大，而在环保方面的投入是杜邦在设计和建造新的生产设施时十分关注的问题。由于前期购置环保设备导致的投入加大会延长企业投资回收的时间，是不是会让合资伙伴产生其他的想法？事实证明，当杜邦公司把建议背后的长远考虑和盘托出之后，中方伙伴欣然接受，并同意将有关环保的条款以合同的形式确定下来。

再比如杜邦公司的安全文化是非常有特色的。杜邦公司的安全与健康原则之一就是"杜邦公司员工无论在上班时还是在下班后都要注意安全"。正如在一本公司内部刊物上所说的那样，"'安全'不只是一个名词或一句口号，它与我们的日常生活紧密相连，决不可有一丝妥协。可是，往往有人会贪图便利或因一时疏忽而造成难以弥补的伤害。若平时能够居安思危，建立'危机意识'，就能远离意外的阴影，给自己或家人最大的保障"。在推行这一理念的时候，杜邦公司将"安全"与中国人十分重视的"家庭观念"结合起来，通过举办"家庭安全日"活动，不仅让员工深入了解安全的观念，而且让与其共同参与活动的家庭成员也掌握了许多安全知识，把对安全的重视从 8 小时以内的工作场所拓展到 8 小时以外的家居环境。同时也让员工感到公司对家庭的重视，产生文化上的共鸣。

【点评】

杜邦公司的企业核心价值不仅考虑到了员工问题，而且考虑到了社会责任和公众利益，是典型的企业社会互利价值观。

三、企业价值观的作用

特雷斯·迪尔和阿伦·肯尼迪指出："对拥有共同价值观的那些公司来说，共同价值观决定了公司的基本特征，使其与众不同。同样，这些共同价值观创造出公司员工的实质意义，使他们感受与众不同。更重要的是，这样的价值观不仅在高级管理者的心目中，而且在公司绝大多数人的心目中，成为一种实实在在的东西。它是整个企业文化系统，乃至整个企业经营运作、调节、控制与实施日常操作的文化内核，是企业生存的基础，也是企业追求成功的精神动力。"企业价值观的作用主要表现在：

（一）企业价值观为企业的生存与发展确立了精神支柱

企业价值观是企业领导者与员工据以判断事物的标准，一经确立并成为全体成员的共识，就会产生长期的稳定性，甚至成为几代人共同信奉的信念，对企业具有持久的精神支撑力。当个体的价值观与企业价值观一致时，员工就会把为企业工作看作是为自己的理想奋斗。企业的发展过程中，总要遭遇顺境和坎坷，一个企业如果能使其价值观为全体员工接受，并以之为自豪，那么企业就具有了克服各种困难的强大的精神支柱。

（二）企业价值观决定了企业的基本特性

在不同的社会条件或时期，会存在一种被人们认为是最根本、最重要的价值，并以此作为价值判断的基础，其他价值可以通过一定的标准和方法"折算"成这种价值。这种价值被称为"本位价值"。企业作为独立的经济实体和文化共同体，在其内部必然会形成具有本企业特点的本位价值观。这种本位价值观决定着企业的个性，规定着企业的发展方向。例如，一个把利润作为本位价值观的企业，当利润和创新、信誉发生矛盾和冲突时，它会很自然地选择前者，使创新和信誉服从利润的需要。

（三）企业价值观对企业及员工行为起到导向和规范作用

企业价值观是企业中占主导地位的管理意识，能够规范企业领导者及员工的行为，使企业员工很容易在具体问题上达成共识。从而大大节省了企业运营成本，提高了企业的经营效率。企业价值观对企业和员工行为的导向和规范作用，不是通过制度、规章等硬性管理手段实现的，而是通过群体氛围和共同意识引导来实现的。

（四）企业价值观能产生凝聚力，激励员工释放潜能

案例分析 2-2　沃尔玛式欢呼

1977 年，沃尔玛的创始人山姆·沃尔顿和夫人海伦赴日本、韩国参观旅行，山姆对韩国一家看上去又脏又乱的工厂里工人群呼口号的做法深感兴趣，回沃尔玛后马上效仿。这就是后来著名的"沃尔玛式欢呼"。下面是沃尔玛公司特有的欢呼口号，从中可以感受到沃尔玛成员们强烈的荣誉感和责任心："来一个 W！来一个 A！我们就是沃尔玛！来一个 L！来一个 M！顾客第一沃尔玛！来一个 A！来一个 R！天天平价沃尔玛！我们跺跺脚！来一个 T！沃尔玛，沃尔玛！呼呼呼！"这个口号是沃尔玛中最具号召力的话语，每当山姆巡礼商店时，他就会提高嗓音向着员工们高喊公司口号，然后员工们群起响应。

这可以称为沃尔玛的一个独特现象。这种口号在其他的公司是很难听到的，而且董事长自重身份，也很少会带头呼喊口号。这种在别的公司看来有些荒唐和滑稽的事情，沃尔玛公司则有板有眼、兴致勃勃地形成了习惯，而山姆更是带头创造了这种在别人看来荒诞的习惯。有趣的是每周六早 7:30 公司工作会议开始前，山姆会亲自带领参会的几百位高级主管、商店经理们一起欢呼口号和做阿肯色大学的啦啦队操。布什夫妇亲临本顿威尔为山姆颁奖时，沃尔玛的员工们也以这种欢呼口号的形式欢迎了他们。另外，在每年的股东大会、新店开幕式或某些活动中，沃尔玛员工也常常集体欢呼口号。沃尔玛的欢呼口号成了沃尔玛公司中最具号召力的话语，也是一大特色。

【点评】

沃尔玛式欢呼增强了企业的活力，企业的活力是企业整体力（合力）作用的结果。企业合力越强，所引发的活力越强。

四、企业价值观的塑造

（一）塑造企业价值观的原则

（1）利润追求原则。作为一个走向市场竞争的、具有法人地位的企业，必须明确效益或利润最大化追求，这是现代企业的本质属性。

（2）同生共荣原则。企业应通过尽善尽美的服务，通过与广大客户之间无间隙的沟通，培养客户对企业的信赖感和忠诚度，使企业与客户形成唇齿相依、同生共荣的关系。

（3）以人为本原则。要视员工为企业财富，并通过人性化管理和知识管理途径，使员工的知识和技能最大限度地转化为企业的生产力，通过有效的组织机构模式和管理制度及运行机制，极大地发挥员工的潜在能力。

（4）科技领先原则。知识经济时代，企业发展决定性的因素不再是资金，而是知识和信息。要在未来的市场竞争中争取主动，必须大力提倡科技创新，求得企业发展长盛不衰。

（5）产业报国原则。以促进所在地经济发展和社会进步为己任，以振兴产业为己任，以国家和民族的最高利益为自己的最高利益。社会相应地就会认为，公司不是一架冰冷的利润机器，而是一个胸怀宽广的可敬企业。

（6）文化推进原则。企业竞争的最高形式是文化竞争，因此企业必须注重文化战略，以文化凝聚力量，以文化决胜市场，以文化推动企业成长。

（7）信誉立业原则。确立信誉是资本、是品牌、是形象、是竞争力的新观念。以信誉立业，就要注重信誉，培养信誉，珍惜信誉，积累信誉，使企业的形象得到充分的肯定，例如中国的"中信"、泰国的"正大"和日本的"松下"。

（二）企业价值观的塑造途径

（1）培训与引导。让员工接受企业价值观培训，培训是促使文化塑造与变革的一个重要的策略。通过全员培训和倡导，让企业价值观渗透于全体员工的思想中并形成共识；坚持不懈的全员倡导和执行，使企业文化形成风尚，使员工时刻都处于充满企业价值观的氛围之中，达到使优秀的企业价值观渐入员工心中的目的。

（2）企业家倡导和凝练。企业家作为领导要身体力行，信守企业价值观。企业文化能否落地，成为全员自觉实践，领导的模范带头和示范作用，尤为重要。领导者的身体力行是一种无声的号召，引导员工的行为、思想趋向，有利于将企业文化灌输到每个员工心里。在推进文化落地过程中，领导以身作则，言行一致，积极树立、宣传典型，加大反面曝光力度，带动全员追随，形成了员工上下同心、目标一致、思想统一、务实行动、追求卓越的良好局面。

（3）健全保障机制，强化制度建设，规范管理。制度是文化的一种表现形式，在推进价值观落地过程中，将企业文化融入日常管理中来，使公司的内部管理不断向规范化、科学化、制度化方向发展，为企业价值观的持续推进提供有力的制度保证。

（4）关爱员工，组织活动，体现人文关怀。举办相关的主题活动，通过组织一系列的活动，将企业的文化理念和精神融入活动中，通过活动过程的互动，统一认识和思想，让员工不仅能在活动中增进团队意识，更能达到企业价值观在全体员工中入心入脑的目的。

案例讨论 2-2　知名企业核心价值观

国家电网的核心价值观：服务党和国家工作大局、服务电力客户、服务发电企业、服务社会发展。

海尔集团的核心价值观：是非观——以用户为是，以自己为非；发展观——创业精神和创新精神；利益观——人单合一双赢。

华为公司的核心价值观：以客户的价值观为导向，以客户满意度作评价标准。

杭州娃哈哈集团有限公司的核心价值观："家文化"：凝聚小家，发展大家，报效国家。

联想集团的核心价值观：把个人的追求融入企业的长远发展之中；成就客户——致力于客户的满意与成功；创业创新——追求速度和效率，专注于对客户和公司有影响的创新；精准求实——基于事实的决策与业务管理；诚信正直——建立信任与负责任的人际关系。

李宁体育用品有限公司的核心价值观：我们的核心价值观源于对运动的崇尚和对事业的激情！运动的魅力不仅在于其本身，更在于其内在蕴含的精神力量。我们崇尚运动，更崇尚运动的精神。

蒙牛乳业（集团）股份有限公司的核心价值观：人的价值大于物的价值；企业价值大于个人价值；社会价值大于企业价值。

青岛啤酒股份有限公司的核心价值观：开放、诚信、和谐及创新。

上海通用汽车有限公司的核心价值观：以客户为中心，重视安全与团队安全与团队合作，诚信正直，不断改进与创新。

搜狐的核心价值观：诚信正直、公平公正；操作精神、结果导向；客户至上、服务为本；挚诚沟通、亲密协作；节约第一个铜板；兼容并蓄、求知创新；恪守承诺、尽心尽责；保持信心、勇往直前。

苏宁电器的核心价值观：做百年苏宁，国家、企业、员工、利益共享。树家庭氛围，沟通、指导、协助、责任共当。

TCL 的核心价值观：为顾客创造价值，为员工创造机会，为社会创造效益；诚信尽责、公平公正、变革创新、知行合一、整体至上。

万科的核心价值观：创造健康丰盛的人生；客户是我们永远的伙伴；人才是万科的资本；阳光照亮的体制；持续的增长和领跑。

新浪的核心价值观：以客户为尊、突破创新、回馈社会、永续经营。

兴业银行的核心价值观：理性、创新、人本、共享。

苹果公司的核心价值观：一切始于简洁。

阿里巴巴的核心价值观：客户第一、团队合作、拥抱变化、诚信、激情、敬业。

【思考】

你最欣赏哪个企业的核心价值观？为什么？

第二节　企业伦理道德

引导案例

2001 年 11 月，美国安然公司向美国证券交易委员会递交文件，承认做了假账，并于 12 月正式向法院申请破产保护，破产清单所列资产高达 498 亿美元，成为美国历史上最大的破产企业；2002 年，安达信倒闭、世通公司财务丑闻等一系列恶劣事件震撼了美国与全球业界；同年，曾屡次创造利润神话，一度号称"中国第一蓝筹股"的 ST 银广夏，因伪造经营业绩、虚报财务报表而受到中国证监会的处罚。此外，2006 年的齐齐哈尔第二制药公司生产假药事件，2008 年的毒奶粉事件，2011 年的瘦肉精事件，2015 年的康师傅地沟油事件……这些恶劣的食品药品安全事件受到了国务院办公厅的高度重视。以上种种案例可以看出，企业伦理道德已成为全球企业共同面临的问题。

【思考】

面对各种道德滑坡现象，你有何想法？

一、企业伦理道德的定义

企业伦理道德是指活跃在企业经营管理中的道德意识、道德良心、道德规则、道德行动的总和。企业伦理实际上是一种责任伦理，主要是指企业各项经营活动在寻求平衡企业经济效益与社会效益的过程中，选择"应当"的行为，特别重视企业与社会的互动关系，承担起为社会的繁荣和发展所负有的不可推卸的伦理道德责任，把树立良好形象视为企业的生命。

二、企业伦理道德的内容

企业伦理的内容依据主题可以分为对内和对外两部分，内部为：劳资伦理、工作伦理、经营伦理；外部为：客户伦理、社会伦理、社会公益。

（一）企业与员工间的劳资伦理

它包括劳资双方如何互信、劳资双方如何拥有和谐关系、伦理领导与管理、职业训练（员工素质的提升，包括职前训练与在职训练）。

（二）企业与客户间的客户伦理

最主要的是服务伦理，服务的特质包括：无形性（intangibility）、不可分割性（inseparability）、异质性（heterogeneity）与易逝性（perishability）。客户伦理的核心精神：满足顾客的需求才是企业生存的基础。顾客是企业经营的主角，是企业存在的重要价值。

（三）企业与同业间的竞争伦理

同行业间不应当进行削价竞争（恶性竞争）、散播不实谣言（恶意中伤）、恶性挖角、窃取商业机密。

（四）企业与股东间的股东伦理

企业最根本的责任是追求利润，因此企业必须积极经营、谋求更多的利润，借以创造股东更多的权益。必须清楚严格地划分企业的经营权和所有权，让专业经理人充分发挥、确保企业公司营运自由。

（五）企业与社会间的社会责任

企业与社会息息相关，企业无法脱离社会而独立运作。取之于社会、用之于社会。作为企业应当重视社会公益，提升企业形象，谋求企业发展与环境保护之间的平衡。

（六）企业与政府间的政商伦理

政府的政策需要企业界的配合与支持，企业必须遵守政府相关的法规和政策。

案例分析2-3 万科的捐款

2008年5月12日汶川地震发生后，万科向灾区捐款200万元，可此举受到广泛质疑与批评：这家年销售额400亿元的全球最大房地产大佬，只捐区区200万元，是否过于吝啬？万科董事长王石一番关于企业为何只捐款 200 万元的不当言论引发舆论怒火，在全国媒体几乎一边倒的批评之中，万科企业声誉受到前所未有的挑战。万科董事长在博客中对于捐款进行了回应，地震发生当天，万科集团总部捐款人民币 200 万元。一些网友对这个数字很不以为然，大呼和万科形象不相称，呼吁万科再多捐点。王石在博客中说："对捐出的款项超过 1000 万元的企业，我当然表示敬佩。但作为董事长，我认为：万科捐出的 200 万元是合适的。中国是个灾害频发的国家，赈灾慈善活动是个常态，企业的捐赠活动应该是可持续的，而不该成为负担。万科对集团内部慈善的募捐活动中，有条提示：每次募捐，普通员工的捐款以 10 元为限。其意就是不要慈善成为负担。"王石的言论在网民中引起了广泛的回应，万科公司陷入巨大的舆论危机中。为了平息危机，在事件发生一个星期后，王石紧急宣布向灾区追加捐款 1 亿元。

【点评】

万科在这一次捐款中，忽视了民众对企业社会责任的要求和关注，万科作为以追求利润为目的的企业做出了多少捐款本无可厚非，企业善行已起到了回馈社会的作用，但慈善活动不是企业社会责任的全部，它是企业承担的自行处理的责任。从案例中可以发现，在社会主义市场经济条件下，勇于承担企业社会责任、适度承担社会责任已经成为当今企业的必然选择。

三、企业伦理建设中的误区

（一）企业不是公益性慈善组织，无须讲究企业伦理

这一认识的前提是正确的，但结论却是错误的。和伦理道德不发生任何关系、超越社会伦理道德关系而采取所谓"伦理道德中立"的企业历来不存在，也就是说企业不可能不具有伦理性质，不可能和伦理不发生关系。

企业这种社会经济形式，从其历史上产生的第一天起就不可避免地身处人、群体、社会所形成的各种社会关系之中，不可避免地在各种伦理关系中充当某种伦理道德的主体。作为企业人格化代表的企业家，既是经济关系中的角色，也是伦理道德关系中的角色。现实生活中根本不存在无伦理的企业和企业家，只存在具有不同伦理道德观念和态度的企业和企业家。因为企业和企业家的活动，无论从其目的还是从其手段来说，都存在着对人和社会发展的影响或价值关系问题，如一个企业在实现经济价值和物质财富增加的时候，很可能就会采取不利于人的发展的手段和形式。而人们总是可以从人和社会发展的角度，对企业的活动做出是善的还是恶的、是有利的还是不利的评价。

（二）不讲伦理道德对企业利润最大化不会有妨碍

由于市场经济体制的完善常常需要一定的历史过程，由于社会上不正当需求的存在，确有一些不义之商通过从事反伦理、反社会的营利活动而大发横财。即使在发达国家市场经济法制建设十分完备的情况下，由于市场经济体制本身固有的缺陷，上述情况也仍然存在。但是，非法的营利活动由于腐蚀、破坏着人和社会的进步，历来为社会的伦理道德所不容，也日益为经济法律所不准，这类营利活动所赚的钱被人们贬称为"黑钱"。因此，非法的营利活动虽有可能得逞于一时，但终究会暴露而归于失败。即使从事合法的经营活

动,如果不讲伦理道德,也会使企业日益陷入困境。

随着商品经济的发展,随着卖方市场转变为买方市场,随着消费者选择空间的扩大,消费者对供应者的要求就会越来越高,供方提供商品和服务过程中的伦理道德态度就会越来越被消费者重视。讲究伦理道德的营销活动会在消费者心目中产生积极影响,提高企业在消费者心目中的信誉,使消费者为下次购买活动准备好心理前提;反之,不讲究伦理道德的营销活动,则会在消费者心目中产生消极影响,降低企业的信誉,增加消费者下次购买活动的心理障碍。这就是为什么市场经济越发展、市场越是成为买方市场,供方的企业就越是要讲究形象和信誉、越是要注意企业形象的塑造和包装的原因。因此,认为不讲伦理道德对企业利润最大化不会有妨碍,这实在是对现代市场和现代企业的不了解。

(三)讲伦理道德会使企业增加投入减少收入

讲伦理道德,意味着一个企业要从事伦理道德建设,制定伦理道德原则和规范,对全体员工进行伦理道德教育,对生产经营活动进行伦理道德监督,还要设置从事伦理道德建设的组织机构,在实际的生产经营活动中要讲究社会效益、生态效益,讲究商品和服务的质量,这毫无疑问要加大投入;同时,讲伦理道德当然也意味着不能去经营那些有巨额利润却有害于人类和社会发展的活动,也不能采取有损于伦理道德的经营手段,这毫无疑问会减少收入。但是,应该看到,上述投入的增加归根到底是有利于企业长远发展的,这种投入的增长既是应该的,又在长远上会给企业带来经济效益;上述所谓减少了的收入本来就是不应该去获得的那种不正当收入,企业不染指这种不义之财,在长远上也是有利于企业的生存和发展的。

现代市场经济正越来越成为一种规范经济、信誉经济、文明经济、法制经济。现代市场上的企业家已是讲法制、讲规矩、讲道德、讲文明的现代企业家形象。因此,在现代社会和市场中,一个企业越是具有伦理道德水平,就越有可能在市场上和社会上赢得消费者和同行的信任和声誉。在一个讲道德、伦理、文明的社会和市场中,企业的信用、声誉是一种无形的资本、潜在的市场。这种无形的资本、潜在的市场是企业发展中长期起作用的因素。从这个角度看,企业伦理建设虽然直接提高的是企业的伦理素质、伦理水平、伦理价值、伦理形象,但这种伦理素质、水平、价值、形象的提高却可以转化为企业的经济效益,转化为企业在经济上的利润和收入。

案例分析 2-4　王老吉的捐款

2008 年 5 月 18 日晚,央视一号演播大厅举办的"爱的奉献——抗震救灾募捐晚会"现场,民营企业的后起之秀——"王老吉"品牌持有者加多宝集团以一亿元人民币的国内单笔最高捐款感动了每一个中国人。随后"王老吉"遭到全国网民的集体"封杀"——国内某知名的网站社区上出现了一篇《封杀王老吉》的帖子,倡议只要看到"王老吉",见一罐买一罐,从货架上"封杀""王老吉"……网友纷纷跟帖转帖响应,"中国人,只喝王老吉""患难见真情,真爱王老吉"等,一时间网坛"封"语交加,"害得"王老吉只能是开足马力生产"抵制封杀"。

【点评】

企业社会责任是指企业应该考虑自身的一举一动对社会、对利益相关者的影响,合乎道德地对待利益相关者，维护和增进利益相关者的正当权益，从而造福于社会。因此，企业在创造利润、对股东利益负责的同时，还要对员工、对社会和环境承担起必要的社会责任，包括遵守商业道德、生产安全、职业健康、保护劳动者的合法权益、节约能源等等。

四、企业伦理道德文化建设

（一）制定并执行企业伦理守则

伦理守则所规范的主要内容是企业与其利益相关者，包括员工、顾客、股东、政府、社区、社会大众等的责任关系，它同时包含公司的经营理念与道德理想，如同一般人的座右铭，多少可以反映公司的文化与行为、生存的基本意义和行为的基本方向。企业信奉的伦理守则应贯彻到经营决策的制定以及重要的企业行为中。在建立伦理法则的同时，通过一系列的奖励、审核以及控制系统加以强化，并对破坏伦理规范的行为予以惩罚，公司必须让大家都明白，组织里决不容许违反伦理的行为。管理人员对违规者的默许，将会严重破坏企业伦理道德建设之路。

伦理法规要想更具效力，必须把组织里经理、员工的思想和政策信仰予以具体化。威塞里尔协会是一家小型的、为汽车行业提供电子部件的私人供应商，它拥有一本"质量担保手册"，是思想方针、行为指导、技术手册和企业简介的一个统一体，记录了公司对于正直人格的承诺和关于正确行为的指导原则。公司从来不用销售比赛等来激励员工的个人工作表现，也不通过销售数字来判断竞争状况，而是教育员工在制定决策时，既要考虑公司和个人的利益，也要考虑供应商、客户以及社会的需求，绝对的诚实、礼貌以及尊重他人是公司业务程序的标准。自步入业界以来，威塞里尔协会的销售收入不断增长，在一个发展缓慢的行业里创造了奇迹。

（二）设定伦理目标

企业伦理目标强调企业行为不仅具有经济价值，还必须具有伦理价值。企业在追求经济目标的时候，往往不由自主地将获利作为衡量行为价值的唯一尺度，于是为了实现利润最大化不惜损害他人利益的行为在现实生活中时有发生，这说明企业的经济目标需要伦理目标的调节和制约。企业目标制约下的行为不仅不能违背以法规形式体现出来的经济活动的游戏规则，而且要进一步以伦理准则来约束自己，主动实现道德自律。经营者必须不断提醒自己：企业生存的根本意义是什么？企业的生存其实并不是一个目的，而是一个手段，是通过企业的生存，求得顾客的满意。所以，当一个企业非要用不伦理的手段才能生存的话，它就不再有存在的意义和价值了。

企业要想获得持久的发展，其追求的经济目标中应该包含有伦理道德的要求，应该是经济目标与伦理目标的统一。实践证明，企业经济目标和伦理目标相辅相成，只有同时并举，企业才能真正兴旺发达。强生公司在发现其生产的泰诺胶囊被污染以后，当时的 CEO 詹姆斯·布克当即决定在全国范围内回收所有的泰诺胶囊，这反映了强生公司经济目标与伦理目标统一的企业文化。如果没有一系列在企业内部根深蒂固的、被人们所共同享有的价值观和指导原则，强生公司很难做到反应如此迅速、一致而且符合伦理道德。

（三）加强员工企业伦理教育

现在不少国外的大企业，在员工的教育训练课程中，邀请诗人、哲学家为员工上课，目的就是希望员工能对身边的人与物有更高的敏感度，帮助员工在道德思想和行为中注入强大的个人意志，防止破坏性的道德沦丧。企业也可参与一些有意义的社会活动，协助推动社会良性改革，这样不仅可以提高公司的向心力，激励员工士气，同时也可提升个人的品质，满足员工更高层次的精神需求。这种需求的满足会进一步激发员工的积极性、创造性和敬业精神，从而更有利于企业经济目标的实现。这样，道德伦理风范不再是企业必须维持的一个负担，而是统治一个企业的精神风貌。

因此，企业应加强员工有关企业伦理教育，注重培养反映企业价值观的态度观念、思考方式等，让员工深刻了解到企业更高一层的使命。

（四）由上层开始推动伦理建设

一个成功的企业，应该是一个合乎高标准伦理的企业，在劳资关系、尊重知识产权、遵守法令等企业文化上，都有相当的进步；而成功企业中卓有成就、德高望重的领袖人物，恰恰是最有资格提升社会伦理道德的人物。一个真正的企业家，应该是净化社会风气的先锋，当年，张瑞敏自己抡起铁锤砸掉了 76 台冰箱，在家电行业里以"挥大锤的企业家"著称。也正是这把大锤，为海尔走向世界立了大功。如今，"精细化，零缺陷"成为海尔全体员工的心愿和行动，那把大锤依然摆在展厅里，让每一位新员工参观时都能记住它。因此高层领导的重要职责之一是赋予企业的指导价值观以生命，建立一个支持各种道德行为的环境，并在员工中灌输一种共同承担的责任感，让员工体会到遵守伦理是企业积极生活的一面，而不是权威强加的限制条件。领导要敢于承诺，敢于为自己所倡导的价值观念而采取行动，同时当道德义务存在冲突时，敢于以身作则。如果绝大部分的企业领袖能充分认识并致力于提高企业伦理，我们社会的人文精神、生活品质自然也就提高了。那时候，我们的经营环境会大大改善，产品的国际形象也会随之"水涨船高"，企业也将得到应享的"回报"。

第三节　企业家精神

▌引导案例

企业家精神引领企业发展

宗庆后：主业，主业，还是主业

28 年前，娃哈哈集团董事长宗庆后带领一个校办企业的两名退休教师，凭着 14 万元借款、靠代销汽水、棒冰起家，通过产品创新、技术创新、营销创新，最终铸造了"娃哈哈"这个民族品牌。和不少思路灵活的企业家不同的是，宗庆后一直坚持实业、坚持主业。当前不少浙江民营企业家涉足房地产，和制造业 5% 的利润相比，炒房地产最佳的时候，投入一年就能翻倍，鲜有人能够不心痒。而宗庆后抵制住了赚快钱的诱惑，他认为"只有实业才能创造真实的社会财富"。

宗庆后曾经数年蝉联中国首富榜首。接受记者采访时，他穿着朴素，在办公室里随便一个角落一站。公司也是数十年没有换过场地，在杭州火车站高架桥边上，一个无人指路就无法辨别的小楼里。据说，宗庆后还保持在家附近的小吃摊解决早餐再步行上班的老习惯。传统和创新并不冲突。当互联网＋风生水起的时候，娃哈哈早就在生产线上用起了机器人，还自己研发生产机器人。在饮料生产过程中，码垛是体力活，不仅招工难，而且很危险。公司自主研制的码垛机器人，能完成成品箱的整列、抓取、码放及栈板的释放等动作，用工少、效率高。宗庆后说："下一步，我们将与德国的西门子、克朗斯，加拿大的赫斯基，意大利的萨克米合作开发智能化饮料生产线，可以自动观察、自动调整。娃哈哈要在全国 400 条生产线上都实现智能化。"

【思考】

从宗庆后的故事中你可以得到哪些启示？

"企业家"这一概念由法国经济学家让·巴蒂斯特在 1 800 年首次提出。即：企业家使经济资源的效率由低转高，"企业家精神"则是企业家特殊技能（包括精神和技巧）的集合。或者说，"企业家精神"指企业家组织建立和经营管理企业的综合才能的表述方式，它是一种重要而特殊的无形生产要素。例如，伟大的企业家——索尼公司创始人盛田昭夫和井深大，他们创造的最伟大的"产品"不是收录机，也不是栅条彩色显像管，而是索尼公司和它所代表的一切；沃尔特·迪斯尼最伟大的创造不是《木偶奇遇记》，也不是《白雪公主》，甚至不是迪斯尼乐园，而是沃尔特·迪斯尼公司及其使观众快乐的超凡能力；萨姆·沃尔顿最伟大的创造不是"持之以恒的天天平价"，而是沃尔玛公司——一个能够以最出色的方式把零售要领变成行动的组织。西方发展到 19世纪，人们将企业家具有的某些特征归纳为企业家精神，在英文术语使用上，企业家（Entrepreneur）和企业家精神（Entrepreneurship）常常互换。

一、企业家的定义与作用

（一）定义

企业家是担负着对土地、资本、劳动力等生产要素进行有效组织和管理、富有冒险和创新精神的高级管理人才。企业家与一般厂长、经理等经营者不同，主要表现就在于企业家敢于冒险，善于创新。企业家是经济学上的概念，企业家代表一种素质，而不是一种职务。

（二）作用

企业家处在企业的最高领导层，因而在企业文化建设中居于核心地位，发挥着主导作用。就企业文化建设的主导作用定位而言，企业文化在一定意义上就是企业家的文化。

1. 企业家是企业文化主旨的设计者

企业文化的塑造，企业精神的提炼，企业文化的形成是企业中所有人共同创造的结果。但企业文化的主导信念，都是先在上层确定形成，然后逐级下达，任何改变信念的工作都必须在企业家的领导下进行，而不是职工群众的自发行为。企业家们每天以他们的所作所为更新着企业文化模式，以各种决策创造了企业文化。

2．企业家是企业文化的塑造和总结者

企业文化伴随着企业的诞生而降临，起初的企业文化是处于无意识状态的，待它发展到相当的程度后，需要将其进行系统的总结，然后在本企业予以推广和实施，而这一工作必须由企业家来完成。企业家们通过企业文化的塑造，向企业职工渗透自己创办和发展企业的理想、信念与追求，以使全体职工在认同的基础上团结奋斗。企业家总结本企业的文化现象，明确企业价值观。

3．企业家是企业文化的积极倡导者

企业价值观确定后，就需让广大职工理解、牢记其内容，认识其对企业生存发展的意义，以便遵循并养成自己与之相适应的个人习惯。企业家作为企业组织的核心人物，需要扮演宣传鼓动家的角色，不仅需要维护企业价值观，还需积极强调企业价值观。

4．企业家是企业文化建设的实施者

企业文化的体系一旦形成，企业家就要全力引导本企业的广大职工去实施。企业家在企业文化建设过程中起着潜移默化和推波助澜的作用，他们作为企业和企业文化建设的模特、统帅和指挥者，不仅可以通过自己掌握的权力，倡导和推动本企业的企业文化活动的全面展开，同时还可能有意识或无意识地阻碍和制约其企业文化的向前推进。从这个意义上讲，企业家的行为、气质、思想等与企业文化建设有着相当密切的关系。

5．企业家是企业文化更新和转换的积极推动者

思想敏锐的企业家常常能及时发现企业文化存在的问题，并能大胆创新，打破束缚企业发展的惰性文化，建立能够推动企业向前发展的新文化。鼎鼎大名的 GE 前任总裁韦尔奇，就是一位能够积极推动企业文化转换和更新的优秀企业家。在韦尔奇看来，企业管理的关键并非是找出更好的控制员工的方法，而是营造可以快速适应市场动态和团队合作的文化机制，给员工更多的权力与责任，让员工与管理者实现互动。

二、企业家精神的主要内容

（一）企业家精神的含义

一个企业创建企业文化首要的条件，就是看有没有一个有企业文化意识的企业家，如果没有这样的企业家，企业必然很难形成一个统一的文化规则。所以说企业家的精神境界决定了一个企业文化的品位和层次。这里所说的企业家的精神境界，其实就是企业家精神。

经济学家米勒在 1983 年把"企业家精神"定义为冒险、预见性和剧烈的产品创新活动，是企业家组织建立和经营管理企业的综合才能的表述方式，因而是一种重要而特殊的无形生产要素，是企业家特殊技能（包括精神和技巧）的集合。

联想创业之初，许多创业者都把柳传志叫作"小柳""传志"。领导者的威信是由权力、威严与尊重这三部分构成，如果这样称呼，领导者的威信如何能树立起来，又如何能开展业务呢？所以，联想许多的老同志都经历过一个改称谓的过程，最后柳传志终于被称为了"柳总"。当杨元庆任联想电脑总裁的时候，已经很有规则的联想，将一个 29 岁的年轻人称为"杨总"便顺理成章了。但是，现在联想要回归自然，强调家庭和谐、亲情平等的独特企业文化，这样，才能有利于创造出上下通气、无拘无束的融洽气氛。所以，杨元庆最喜欢他的员工叫他"元庆"。他和副总们经常挂着与所有员工一样仅写着名字的胸卡，在大门口亲切地迎接他的下属"某某你好",来赚几个"元庆你好"的回应。他的员工也在节日的时候,化装成保姆,用一辆婴儿车推出一个叫作"杨元庆"的大娃娃。

(二)企业家精神主要内容

1. 创新

创新是企业家精神的灵魂。熊彼特关于企业家是从事"创造性破坏(creative destruction)"的创新者观点,凸显了企业家精神的实质和特征。一个企业最大的隐患,就是创新精神的消亡。一个企业,要么增值,要么就是在人力资源上报废,创新必须成为企业家的本能。但创新不是"天才的闪烁",而是企业家艰苦工作的结果。创新是企业家活动的典型特征,从产品创新到技术创新、市场创新、组织形式创新等。创新精神的实质是"做不同的事,而不是将已经做过的事做得更好一些",所以具有创新精神的企业家更像一名充满激情的艺术家。

2. 冒险

冒险是企业家精神的天性。坎迪隆和奈特两位经济学家,将企业家精神与风险(risk)或不确定性(uncertainty)联系在一起。没有甘冒风险和承担风险的魄力,就不可能成为企业家。企业创新风险是二进制的,要么成功,要么失败,只能对冲不能交易,企业家没有第三条道路可以选择。在美国3M公司有一个很有价值的口号:"为了发现王子,你必须和无数个青蛙接吻。""接吻青蛙"常常意味着冒险与失败,但是"如果你不想犯错误,那么什么也别干"。同样,对1939年在美国硅谷成立的惠普、1946年在日本东京成立的索尼、1976年在中国台湾成立的Acer、1984年分别在中国北京和青岛成立的联想和海尔等众多企业而言,虽然这些企业创始人的生长环境、成长背景和创业机缘各不相同,但无一例外都是在条件极不成熟和外部环境极不明晰的情况下,他们敢为人先,第一个跳出来吃螃蟹。

3. 合作

合作是企业家精神的精华。正如艾伯特·赫希曼所言:企业家在重大决策中实行集体行为而非个人行为。尽管伟大的企业家表面上常常是一个人的表演(One-Man Show),但真正的企业家其实是擅长合作的,而且这种合作精神需要扩展到企业的每个员工。企业家既不可能也没有必要成为一个超人(superman),但企业家应努力成为蜘蛛人(spiderman),要有非常强的"结网"的能力和意识。西门子是一个例证,这家公司秉承"员工为企业内部的企业家"的理念,开发员工的潜质。在这个过程中,经理人充当教练角色,让员工进行合作,并为其合理的目标定位实施引导,同时给予足够的施展空间,并及时予以鼓励。西门子公司因此获得令人羡慕的产品创新纪录和成长纪录。

4. 敬业

敬业是企业家精神的动力。马克斯·韦伯在《新教伦理与资本主义精神》中写道:"这种需要人们不停地工作的事业,成为他们生活中不可或缺的组成部分。事实上,这是唯一可能的动机。但与此同时,从个人幸福的观点来看,它表述了这类生活是如此的不合理:在生活中,一个人为了他的事业才生存,而不是为了他的生存才经营事业。"货币只是成功的标志之一,对事业的忠诚和责任,才是企业家的"顶峰体验"和不竭动力。

5. 学习

学习是企业家精神的关键。荀子曰:"学不可以已。"彼得·圣吉在《第五项修炼》中说道："真正的学习，涉及人之所以为人此一意义的核心。"学习与智商相辅相成，以系统思考的角度来看，从企业家到整个企业必须是持续学习、全员学习、团队学习和终生学习。日本企业的学习精神尤为可贵，它们向爱德华兹•戴明学习质量和品牌管理；向约琴夫•朱兰学习组织生产；向彼得•德鲁克学习市场营销及管理。同样，美国企业也在虚心学习，企业流程再造和扁平化组织，正是学习日本的团队精神结出的硕果。

6. 执着

执着是企业家精神的本色。英特尔总裁葛洛夫有句名言："只有偏执狂才能生存。"这意味着在遵循摩尔定律的信息时代，只有坚持不懈地创新，以夸父追日般的执着，咬定青山不放松，才可能稳操胜券。在发生经济危机时，资本家可以用脚投票，变卖股票退出企业，劳动者亦可以退出企业，然而企业家却是唯一不能退出企业的人。正所谓"锲而不舍，金石可镂；锲而舍之，朽木不折"。在 20 世纪 80 年代，诺基亚涉足移动通信，但到 90 年代初芬兰出现严重经济危机，诺基亚未能幸免，公司股票市值缩水了 50%。在此生死存亡关头，公司非但没有退却，反而毅然决定变卖其他产业，集中公司全部的资源专攻移动通信。坚忍执着的诺基亚成功了，诺基亚手机在世界市场占有率曾达到 38%。

7. 诚信

诚信是企业家的立身之本。企业家修炼领导艺术的所有原则中，诚信是绝对不能摒弃的原则。市场经济是法治经济，更是信用经济、诚信经济。没有诚信的商业社会，将充满极大的道德风险，显著抬高交易成本，造成社会资源的巨大浪费。凡勃伦在《企业论》中早就指出："有远见的企业家非常重视包括诚信在内的商誉。"诺贝尔经济学奖得主弗利曼更是明确指出："企业家只有一个责任，就是在符合游戏规则的前提下，运用生产资源从事获取利润的活动。亦即须从事公开和自由的竞争，不能有欺瞒和欺诈。"

案例讨论 2-3 卖车发年终奖的老板

小王刚从学校出来，因为没有工作经验，应聘是屡应屡败，屡败屡应。功夫不负有心人，终于有一位年纪比小王大不了多少的年轻老板慧眼识人，招了小王这一批刚从学校出来的人跟着跑业务。因为年轻，所以大家都很有干劲，工作起来没得说，同事们也开心得很，可惜工资不高，所以成了名副其实的"月光族"。只有盼星星盼月亮地盼过年，盼一个"红包"过年时可以尽一点孝心，也可以与同学们开心地去玩一次。小时候总盼过年，是因为过年有新衣穿，还有长辈们发的压岁钱可以供自己买喜欢的东西。如今出来工作了，小王没想到盼过年的愿望比以前更强烈了。尤其当听说"年终奖一定不会少，因为老板生意好"之后，小王上班更快乐了，好像有使不完的劲。

然而，由于老板过于年轻、缺乏经验，一着不慎全盘皆输，一笔款项追不回，而原先的投入成本太大，一下子连日常运转都成了困难，眼见要关门大吉了。终于有一天，老板把大家叫到一起谈话，说公司已经无法经营下去了，劝大家趁年底工作比较好找，赶快去另谋出路。小王心里一下子凉了，想必"红包"一定是泡汤了，没想到老板最后一句话却让包括小王在内的所有人都感动了。老板从口袋里拿出十几个"红包"说："我今天把我的车卖了，换回了这些，我不能让大家辛苦了一年却失望地去过年。如果我一人不舒畅就能换回大家的快乐，我觉得我这件事做得是有意义的。"

老板让大家去找新的工作，然而大家都没走，觉得跟着这样的老板就是喝西北风也要坚持下去，大家不约而同地把"红包"凑到一起，让老板继续经营下去。可想而知，在这样精神的支撑下，公司终于渡过难关走向正常的轨道。

【思考】

案例中的老板体现了哪种企业家精神？

第四节 员 工 风 貌

▌引导案例

同家饭店中不同的员工风貌

两位顾客走进一家大饭店，其中一位顾客对另一位顾客说："左边那个门童注定一辈子要当门童，他没有前途。而右边那个人的前途不可限量，迟早会出人头地，做一番事业。"同伴觉得很奇怪，追问为什么，这位顾客解释说："你看左边的门童，有人来就开门，没有人的时候就呆呆地站着，什么事也不做，这样的人每天重复做一件事情，不会有什么前途；而右边那个就不一样了，你看他在闲着的时候会从口袋中拿出一块抹布，把门上的把手和玻璃仔细地擦干净，虽然这些不属于他的工作范围，但是由此可以看出这个人愿意动脑筋，愿意做事情，有时间就利用，有工作不推迟。"

【思考】

上述案例中，哪位员工的风貌更有利于企业的发展？为什么？

一、员工风貌的含义 ↻

所谓企业员工风貌是指是全体员工在企业发展过程中长期积累并形成的工作风格和精神风貌。工作风格表现了企业员工行为方式的个性，如员工的工作风格、协作风格，管理者的求实风格、民主风格等；企业精神面貌是指企业员工工作状况的表象特征，如拼搏进取且严谨认真的工作态度、工作文明而有秩序的生产现场、隆重热烈的典礼仪式、健康多彩的业余生活、浓烈的学习氛围、团结和睦的气氛等。

二、展现员工风貌的方式 ↻

（一）运用企业内刊

企业内刊，顾名思义，就是一个企业的内部刊物，是不具有正式刊号的内部交流刊物，或为报纸，或为杂志；或为日报、周报，或为月刊、半月刊、双月刊等。有的企业内刊重于对外宣传，有的则重于对内教化，但有一点始终是明确的，那就是为企业文化服务。

企业内刊是企业文化承载的载体，是企业文化的外化表现形式，也是企业信息上通下达的沟通渠道和舆论宣传阵地。

除此之外，企业内刊还是员工之间、管理层与员工之间交流的桥梁，肩负传达企业上层的思想政策和管理理念的重任。员工可以通过这个平台了解企业的发展动态，接受现代管理理念，开阔视野。企业可以通过平台了解员工的心声和想法。

（二）举办演讲、辩论、讲座

企业可以开展演讲活动，员工可以以有声语言为主要手段，以体态语言为辅助手段，针对某个具体问题，鲜明、完整地发表自己的见解和主张，阐明事理或抒发情感。或者举办辩论会，员工可以用一定的理由来说明自己对事物或问题的见解，揭露对方的矛盾，以便最后得到正确的认识或共同的意见。

除此之外，企业也可以定期开展领导或员工讲座，利用报告会、广播等活动形式，由主讲人传授某方面的知识、技巧，或改善某种能力、心态。

举办演讲、辩论和讲座，不仅有促进员工成长的作用，而且也有助于员工培养良好人际关系和高尚情操，更有助于企业文化建设。

（三）组织丰富的文体活动

一些文体活动也可以充分展示员工的风貌。根据实际操作情况，可把文化活动分为如下类型：

（1）专题竞赛类。如技能竞赛、辩论赛、演讲赛、知识竞赛、擂台赛、征文大赛、故事会、设计大赛。

（2）沟通类。如高管开放日、网上聊天、对话会等。

（3）知识类。如读书活动、文化沙龙、论坛、学习活动等。

（4）管理类。如管理论坛、一分钟经理人、班前宣誓等。

（5）习俗仪式类。如升国旗仪式、公司周年庆典仪式、干部任免仪式、新员工加盟仪式、感恩仪式、年终表彰大会、社区联谊会、客户联谊会、节日联欢会、员工生日晚会等。

（6）娱乐类。如联欢会、卡拉OK、影视欣赏、音乐会等。

（7）艺术类。如书法展、专题摄影、绘画展等。

（8）体育竞技类。如球类、长跑、登山、旅游等。

鉴于企业文化活动的类型多样，在策划组织企业文化活动时要注意：第一，不同形式的活动，其文化含金量不同，有时可以适当结合。第二，不能为活动而活动，必须赋予其文化内涵。第三，根据不同形式的活动，实施的程度可以不同。第四，文化传播形式要创新。第五，效果是评价活动的唯一标准。

案例分析2-5 形形色色的企业文化活动

在华旗的总部，随处可见国际象棋图例和各式精美的棋盘棋子，这是华旗推行"爱国者象棋"文化的结果。在华旗，每个人都要参加"爱国者象棋"的培训，企业每周给员工安排一个专门的"学棋时间"，并算作带薪加班。培训之外，华旗每个月还要举行一次员工自由报名、中层以上干部必须参加的"爱国者象棋"比赛。

复星设立了"家属参观日"，每年组织一部分经理、员工的家属到公司参观，让员工家属增加对复星的了解，了解其家人在企业工作的情况，对公司增加认同感，从而使员工的家庭更加支持员工的工作，也进一步提升员工对企业的满意度和归属感。

蒙牛的文化建设也独具特色。牛根生十分重视蒙牛文化的建设，他在企业刚刚三岁时就完成了对蒙牛文化的思考和规划。随着《蒙牛文化手册》的新鲜出炉，蒙牛内部开始了"无人漏网"的蒙牛文化考试，还请大学老师来监考，可见其对文化的重视程度之深。2003年，蒙牛成立了蒙牛商学院，重点任务就是文化培训。为了让蒙牛文化不断发展，牛根生每个月都会写一篇杂文，在《蒙牛足迹报》上发表，这些文章结合蒙牛发展不同阶段的不同问题，用蒙牛文化进行解释并提供解决方案，对统一员工认识、协调组织行动起到了重要的作用。牛根生语录也成为蒙牛人的"通用语言"。

华电十里泉电厂开展"十个一"企业文化活动：每月一次全厂职工思想动态分析；每年选树一批先进模范群体和个人；每年签订一次"四个责任状"；每年进行一次制度修订工作；每年一次职工动态管理工作；每年一次"精品工程"劳动竞赛；每年一次职工高技能理论考试与实践操作比武；每月一次经济指标分析活动；每年一次QC小组成果发布评比；每年一次"职工文化节"。

北京王府井百货开展了"一团火"系列满意工程活动，围绕顾客需求，在服务内容、服务领域、服务方式等方面，做了较大幅度的调整和改革。如开办"王府井百货消费者学校"，加盟"全国百家商场联合服务一体化服务"，增加代客送礼、外币兑换、手语导购、礼仪服务、缺货登记、送货上门、电话购物、婴儿车、免费清洗黄金等服务项目，这种贴近市场、贴近顾客的承诺，被广大顾客称为"实实在在"的服务，受到社会广泛好评。

【点评】

形形色色的企业文化活动可以充分展现企业的员工风貌。企业员工是推动企业生产力发展的最活跃的因素，也是企业文化建设与管理的基本力量。人创造文化，文化也改造人，员工创造并实践企业文化，企业文化作为员工成长和发展最重要的环境，反过来也改造并提高了员工的思想素质、道德素质和文化素质，而员工风貌则是企业文化最基本的体现。

第五节　企业精神的提炼

引导案例

惠普公司的企业精神

20世纪90年代，惠普公司的宗旨是设计、制造、销售和支持高精密电子产品系统，以收集、计算、分析资料，提供信息，来帮助决策，提高个人和企业的效能。20世纪90年代后，第二任总裁J.杨提出，以上企业宗旨适用于电子时代，但在信息时代需要加以修改。为此，惠普公司斥资400万美元求助于咨询公司，得到了现今的企业宗旨：创造信息产品，以便加速人类知识的进步，并且从本质上改变个人和组织的效能。公司把它作为自己发展的"引擎"。

惠普公司的企业文化值得我们深思，在惠普公司案例的分析中可以发现这样一个问题，那就是惠普公司的企业文化何以能在长达半个多世纪的经营中持续发挥着促进公司业绩增长的作用，而同样具有雄厚企业文化力量的许多其他著名公司，如花旗银行、通用汽车公司等，其企业文化缘何不能像惠普公司这样持续有效地促进公司业绩增长呢？约翰·科特认为：“惠普公司成功的根本原因在于建立了一整套强有力且策略适应的文化体系。这一体系使得公司长期经营业绩一直保持良好，它的短期经营业绩即使有波折也令人较为乐观。”可见，要使企业业绩持续增长，建立这样一种文化体系是必需的，并且在这一体系中，核心价值观必须是先进而有效的。这一体系还应是一个开放而动态的体系，拥有能根据市场环境变化而适时调整的机制。在惠普企业文化体系中，其核心价值观是相对稳定、先进而有效的。惠普公司的财务部主任在评价公司核心价值观时认为，惠利特与帕卡德在多年以前就将企业文化中的重要目标确定了。这些构成核心价值观的重要组成部分，并不是那种十分具体的、特定的目的，而是一种指明企业成功之道的经营理念，一种不受时间局限的思想。它强调公司的盈利价值，注重满足顾客、公司股东及员工的需求，提倡以人为本、保持人与人以及人与环境之间和谐的价值原则。最重要的是，这一核心价值观又被普遍灌输到公司每一个员工的思想中，使惠普员工都自愿遵循这些原则。正是这些原则，惠普公司比那些以“将公司建成达到债券 AA 级”为核心思想的公司更成功地适应日益变化的市场经营环境。

【思考】

1．惠普公司的企业精神是什么？

2．为什么说惠普公司的企业精神极大地促进了企业的发展？

3．惠普公司在发展的过程中有无实行企业文化变迁？为什么？

客观上，任何企业都有自己的企业精神，然而企业精神不是有和无的问题，而是显著程度、优劣性的问题。提炼和编制企业精神，就是将已潜在存在的企业精神进行文字化、系统化、最优化。

一、企业精神文化的来源

（一）民族传统文化精髓

我国企业建设优秀企业文化所应汲取的传统文化中的精髓主要有以下几个方面：

（1）天下为公，忧国忧民。在中华民族的传统文化中，“天下为公，忧国忧民”体现的是一种爱国精神，是对于祖国的一种责任意识。伟大的中华民族自古以“忠”“孝”闻名于世，古有岳飞精忠报国，近代有救国图强变法的谭嗣同以及伟大的革命家毛泽东等。在我国的传统文化中，当个人的利益与国家的利益、民族的利益发生冲突时，往往选择服从国家和民族的利益，并投身于国家建设。因此，我国企业应当时刻铭记这一责任，将产业报国作为自身企业经营的一项宗旨，将企业利益与社会、国家、民族的利益紧密地联系在一起。

（2）刚健有为，自强不息。自古中华民族就有自强不息的进取精神，上可溯至《周易》中“天行健，君子以自强不息”的箴言，其意为自然界在永不停息地变化着，古人欲效仿大自然的生生不息，培养自身坚忍不拔，不懈怠、不断进取、不畏困难挫折的优秀品质。例如，湖湘文化中涌现的谭嗣同、毛泽东等革命家们救国图强的伟大精神都凝聚着“刚健有为、自强不息”的民族精神。我们要将这种精神运用于的企业文化建设，进而调动其员工的积极性和主动性，增强企业内聚力，不断地激发起企业的活力，使企业在可持续发展中永葆生机。

（3）和谐理念。和谐理念是中华民族优秀文化的又一精髓，是我国古代思想文化中备受推崇、普遍被认同的一种人文精神。我们在提到"和谐"二字时，往往会联系到"厚德载物、和而不同"，其主要体现的是一种宽容的精神，是一种海纳百川的气度，同样也是对个性的尊重："厚德载物"意为如大地般可包容万物；"和而不同"则表现为对事物个性的一种正视，主张事物在多样性基础上的统一及和谐一致，但不是机械和没有生命力的一致。在建设我国优秀现代企业文化时，应继承和发扬传统文化中"厚德载物""和而不同"的宽容精神，尊重差异和多元化，求同存异。

（4）儒家文化的"仁"和"以人为本"。"仁者爱人"是传统儒家文化的主要观点，它体现的是一种人本的思想，是早期的人本主义思想。放眼于当今的管理，则体现为要"以人为中心"。从儒家"仁"的思想来看，管理的本质是"治人"，关键在于"得人"，方式上要选择"人治"，由此看出，管理的一切都离不开人。此外儒家文化中的"天时不如地利，地利不如人和"和"以和为贵"的思想，无不体现着以人为本的理念。因此，企业要建设优秀的企业文化，必须注重以人为本的理念，有利于提高企业领导和员工的整体素质，增强企业内聚力，提升企业整体竞争力。

（5）兵家"权变"思想和创新精神。在中国传统文化中"权变"思想中的"审时度势"表现为能够审察时机，忖度形势。而着眼于现代的管理，则体现了企业的创新观念，强调根据事物不断发生的变化，正确分析时代形势，把握良好的时机，依据形势注重改革，进行灵活应变，进而实现目标。在构建优秀的企业文化时，应注重汲取兵家权变思想精髓，审时度势，韬光养晦，强大自己，开拓创新，才能使自己立于不败之地。

（二）社会优秀文化

在当代社会也有一些优秀文化可以作为企业精神文化建设的参考。如中国女排的拼搏精神，"一不怕苦二不怕死"的"铁人精神"，张炳贵的"一团火精神"，雷锋的艰苦奋斗精神等。

（三）国内企业的先进理念

要借鉴国外企业的先进理念：如松下的"造物先造人"；IBM的服务第一；诺基亚的科技以人为本。同时，国外的先进经营管理思想也为我们提供了借鉴，如质量意识、市场意识、竞争意识、团队意识、效率意识、创新意识、品牌意识、资源意识、环保意识等。

也要学习国内企业先进理念：如海尔的敬业报国，追求卓越；长虹的以产报国；二汽的视今天为落后；东方通信公司的超越自我，兴业报国；天津达仁堂制药厂的振兴中药，造福人民。

案例分析2-6　德国的企业文化

德国的企业文化深受欧洲文化价值观影响。欧洲文艺复兴运动和法国资产阶级大革命带来的民主、自由等价值观，对德国企业文化的产生和发展有很大的影响。并且，德国强调依法治国，注重法制教育，强调法制管理，在市场经济条件下长期形成的完备的法律体系，为建立注重诚信、遵守法律的企业文化奠定了基础。再次，宗教主张的博爱、平等、勤俭、节制等价值观念，在很大程度上也影响着德国企业文化的产生与发展。德国人长期形成的讲究信用、严谨、追求完美的行为习惯，使企业从产品设计、生产销售到售后服务的各个环节，无不渗透着一种严谨细致的作风，体现着严格按照规章制度去处理问题的态度，对企业形成独特的文化产生了极大影响。

【点评】

德国企业文化是规范、和谐、负责的文化，值得作为企业文化建设的参考。规范就是依法治理，从培训中树立遵纪守法意识和对法律条文的掌握，从一点一滴做起，杜绝随意性和灵活性。和谐，就是管理体制的顺畅，人际关系的和谐。负责，就是一种企业与职工双方互有的责任心，即职工对企业负责任，企业对职工也要负责任，企业与员工共同对社会负责。

二、企业精神文化的构建

企业精神文化的形成不是自发产生的，也不是领导者用简单的行政手段建造起来的，它是企业在长期生产经营活动中培育形成的。在知识经济时代，我们要依据中华文化和现代市场经济的要求，以发展企业为主旨，以获得最佳效益为目的，构建符合我国国情及本企业特征、符合社会主义经济发展规律和世界经济发展总趋势的企业精神，其具体途径是：

（一）通过素质教育培育企业精神

企业精神作为一种先进群体意识，不可能自发形成，不会在企业实践中自然而然地产生，必须靠对员工进行素质教育才能培育起来。这种教育是一项长期的任务，教育的对象是企业所有员工，教育的内容包括理想教育、革命传统教育、改革开放教育、纪律教育、主人翁意识、集体主义精神和社会主义市场经济新观念教育、社会主义民主与法制教育、职业道德教育和科学文化基础教育等，以教育促进企业精神开花结果。

（二）坚持精神激励和物质利益相结合的原则

企业在生产发展、经济效益提高的前提下，要使职工收入年年有提高，集体福利年年有进步，让职工真心地体验到"厂兴我富，厂衰我穷"的道理，对有突出贡献的人员，既要给荣誉、晋升奖励，又要给物质利益，使员工自觉地与企业同甘苦，共命运。

（三）发挥企业领导者的人格力量

构建一个企业的精神文化的关键是企业领导者的价值观和精神风貌。企业领导者自身的素质和精神状态以及他对企业精神的认识、态度和行为，都将对企业精神的形成产生至关重要的影响。因此，企业领导应成为企业精神的积极倡导者和领导者，要把培育企业精神作为一件重要工作来抓，要提高领导艺术，善于把企业精神渗透到生产经营活动的各个方面、各个层次中去，并在企业精神形成后，要善于组织和带领企业职工维护企业精神、实施企业精神，使企业精神始终成为搞活企业的灵魂。

（四）适应和改善环境条件，增强企业精神的活力

企业精神的产生与发展需要一定的环境进行提倡、引导和提高，环境条件是影响和限制企业精神功能发挥的关键。一般情况下的环境条件主要有经济环境、政治环境、文化环

境等，只有适应和改善了环境条件，企业精神才能获得正常健康的发展。

（五）培育有个性的企业精神

企业个性，是企业精神最基本的特征之一，也是企业精神产生与发展的主要内容和基本途径之一。由于不同的企业生存和发展的方式亦不同，每个企业都有适合自己独特个性的企业精神。这种企业精神是受具有个性特征的企业的历史、传统、类型、性质、规模以及人员素质、物质条件和差别制约的。在企业精神建设中，一种企业精神的选择要符合自己企业的实际，瞄准项目，找好突破口，做出科学的决策方案，进行提倡、引导、培育符合本企业生产经营和职工精神面貌的企业精神，从而形成自己的特色。这种企业精神的个性越浓厚，企业的凝聚力和感染力就越强，企业精神就越能促进企业生产经营的发展。

三、企业精神文化建设的运作方法

（一）企业目标的制定

目标是组织或个人在一定时期内通过努力希望获得的成果，没有目标的企业是没有希望的企业，因此，企业目标在企业精神文化建设中处于非常重要的地位。

（1）共同价值观的确立。人的行为无不受其观念和感情的影响，而正是价值观决定人们追求什么放弃什么，该做什么不该做什么。企业领导者的价值取向是决定企业整体价值观的主体，员工的价值观取决于领导者的价值观，领导者的价值观和全体员工的价值观形成企业的整体价值观。中国的企业应以集体主义、团队精神、造福社会、报效国家为价值取向。

（2）确立企业的目标体系。现代企业管理理论认为：企业不仅是一个追求利润的经济组织，而且是负有社会责任和义务的社会组织，是社会的一个细胞。因此企业目标体系的建立应基于两个主要方面：一是经济效益，二是社会效益。具体应从八个方面建立起目标体系：①市场目标；②技术进步目标；③提高生产力水平目标；④物资、信息和金融资源目标；⑤利润目标；⑥人力资源目标；⑦员工积极性目标；⑧社会责任目标。

（3）企业最高目标的制定。企业最高目标是全体员工的共同追求，是全体员工的共同价值观的集中体现，是企业目标体系的核心，那么企业应确立什么样的最高目标？综观国内外，当代企业均把企业的最高目标与国家和民族利益联系在一起，如"大庆油田：出好油多出油为中国人民争气。""大庆石化总厂：爱我中华，振兴中华。""江南造船厂：坚持以国家利益为重。""天当达仁堂制药厂：振兴中药，造福人民。""长虹集团：以产业报国为己任。""海尔集团：创造中国的世界名牌。"从中不难看出，企业只有确立崇高目标才能把企业利益和员工追求凝聚在一起形成合力，这是企业长期发展的永恒动力。

（二）企业哲学的提炼

1. 基本概念

企业哲学是企业管理基本规律的高度概括和总结，是企业经营者对企业经营的哲学思考，也可称之为企业经营指导思想，企业经营根本准则（经营原则），是指导企业经营的思想武器，主要回答和解决的问题是"企业与社会的关系""企业与人的关系（客户、员工）"等根本性问题。例如："同仁堂：同修仁德，济世养生。""河北电机集团：应天时，借助地利，营造人和。""上海电机集团：为明天而工作。""深圳光华电子公司：开拓则生，守旧则死。""山西矿务局：企业兴盛，队伍为本。""日本丰田公司：以科学技术为经，合理管理为纬。"

2．企业哲学的思想基础

（1）企业经营者自身的哲学思考（人生观、世界观、价值观等）。例如：海尔集团的张瑞敏曾发表文章指出，现代化首先是人的现代化，现代化的主体是人，现代化的目的也是为了人，因此，人的意识和价值就有着特殊的地位，谁拥有了德才兼备的现代化人才，谁就可以在竞争中取得胜利。这一思想对形成海尔"把人当作主体，把人当作目的，一切以人为本"的企业哲学的形成起了决定性作用。

（2）企业内英雄模范人物和优秀群体的世界观。英雄模范人物和优秀群体的世界观对企业哲学的形成起着重要作用。

（3）社会公众的世界观。社会公众的世界观对企业哲学的形成也存在较大的影响。

（三）企业宗旨的制定

（1）企业宗旨。它是企业向社会做出的公开承诺和宣言；如铁路系统："人民铁路为人民"；麦当劳："保证质量，讲究卫生，服务周到，公平交易"。

（2）与企业哲学的区别。企业宗旨是企业经营者与员工对待社会大众的一种主观态度，是企业哲学和最高目标的反映和具体体现，是企业履行自身社会责任的决心和信心，也是企业一段时期的工作方针。

（3）企业宗旨的制定。首先，要根据经营的根本指导思想（哲学）。其次，要结合企业的实力和经营方向。最后，诚实守信，说到做到。

（四）企业精神的建立

（1）总体要求。人活着要有精神，企业的存在与发展以及企业内员工群体都要有一种精神，以此来激励员工，这就是企业精神。企业精神的确立要依企业哲学为思想基础，是企业哲学中价值取向、最高目标的具体化和又一种表现形式，而不能与其相悖，同时还要体现时代精神，跟上时代步伐。

（2）方法和途径。企业精神建立的主要方法有民主评价法、典型分析法、领导决定法、专家咨询法等。

（3）参考因素。建立企业精神可参考的主要因素有实事求是、团结协作、开拓创新、牺牲奉献、拼搏竞争、艰苦奋斗、爱岗敬业、追求卓越、敢冒风险、尊重科学等。

（五）企业道德建设

（1）企业道德的作用。企业道德也是对员工行为的规范，它与制度规范的不同之处是，道德是无形的精神和心理上的约束，而制度则是有形的，它也可作为制度规范的补充，并相互配合，构成完善的行为体系和精神力量。

（2）企业道德建设的步骤和方法。首先，确认行业的性质、特点和事业范围；其次，根据现有的企业哲学、目标、宗旨、精神等要素，并与其相统一、相配合；最后，制订方案，征求意见，确认公布。

企业道德建设可参考的因素有：忠诚、勤劳、节俭、团结、廉洁、自强、礼貌、遵纪、守信等。在建设过程中应注意以下几点：符合中华民族传统的优秀道德；突出本行业的职业道德特点；符合社会公德和家庭美德。

（六）企业作风建设

企业作风即是企业精神文化的重要组成部分，又是核心文化的具体表现形式。如"首钢：认真负责、紧张严肃、尊干爱群、活泼乐观、刻苦学习。""长城钢铁：秩序纪律、文明礼貌、团结和谐、竞争效率。""烟台钢管厂：求实团结、拼搏。""吉化公司：严、细、实、快。""环宇集团：和睦、严谨、勤俭、公德、礼节。""长虹：团结、勤奋、民主、文明。"

案例分析 2-7　企业文化并非大企业的专利

济南九阳电器有限公司（以下简称九阳公司）董事长王旭宁认为，企业不论大小，都应重视企业文化的建设。企业文化不是一次运动，用两三年时间就能够达到。最好是从企业开始创立时就着手企业文化的建设，因为大了以后，再去建设企业文化就比较困难了。一个企业文化底蕴有多深，企业发展就有多大。九阳的目标是要做一个百年企业。综观世界上百年不衰的企业，都有一个共同特点：重视企业文化建设，不以追求利润为唯一的目标，都有超越利润的社会目标。这是它们共同的企业价值观，也是企业文化的核心之一，这也正是九阳公司努力学习的典范。具体到九阳公司，企业文化概括为八个字，即"人本、团队、责任、健康"。以人为本就是既要尊重员工，又要发挥其潜能；其次是鼓励员工自觉地融入团队中，自私的、本位的、不协作的员工是不受欢迎的，也是没有前途的。九阳公司的价值观是做有责任感的企业，对员工、消费者、合作者与社会负责任，并在企业经营中努力让他们感到满意，同时倡导每一位员工都要做有责任感的人。九阳公司的健康理念是让员工拥有健康的身心和健康的生活方式，企业拥有健康的机制，以保证长期生存和发展。

【点评】

企业文化存在于每一个企业之中，企业从一开始设立，无论是小企业还是大企业，就有了文化。企业文化建设问题的关键点倒不在于文化的有无，而是文化是否成熟。"文"是慢慢积累的意思，所以企业文化是无法一蹴而就的，而应该从小企业就开始建设。

四、企业理念体系的表达方式

（一）口号化表达

企业口号就是企业用来表述其倡导和追求的价值观念、精神信念、经营理念、经营目标等，具有股东作用，便于宣传和呼喊的、简练明确的语句。如"爱多 VCD：我们一直在努力。""吉列：男人的终极追求。""宝马：终极驾驶机器。"

（二）人格化表达

通过企业领导者的示范作用和企业英雄模范的事迹，让企业理念形象化，并被赋予一种人格化的力量。如把鞍钢精神说成"孟泰精神"，把大庆精神说成"铁人精神"，北京公交"向李素丽同志学习"就是人格化企业精神的表达方式。

（三）艺术化表达

艺术化表达是指企业理念的各要素可以通过音乐、美术等艺术手法来表达。以音乐方式表达的方式有厂歌、公司之歌等；以美术方式表达的如漫画、卡通形象等。

案例讨论 2-4　企业文化的艺术化表达

《长安之歌》唱长安

中国长安汽车集团股份有限公司（以下简称中国长安）成立于 2005 年 12 月，是一家特大型企业集团，是中国四大汽车集团之一。其前身是 1862 年由清朝大臣李鸿章创办的上海洋炮局，距今 150 余年，是中国近代史上第一家工业企业。《长安之歌》作为其厂歌，在中国企业里是时间最早，也是提炼得最深厚的，其作词为郭沫若，作曲是贺绿汀。歌词如下：

战以止战，兵以弭兵，正义的剑是为保卫和平。

创造犀利的武器，争取国防的安宁，光荣的历史肇自金陵。

勤俭求知，廉洁公正，迎头赶上，尽我智能，工作是不断的竞争。

我们有骨肉般的友爱，我们有金石般的至诚。

我们有熔炉般的热烈，我们有钢铁般的坚韧。

量欲其富，质欲其精。

同志们，猛进！猛进！

同志们，猛进，猛进！

【思考】

中国长安采用了哪种企业理念体系的表达方式？

本 章 小 结

本章主要围绕企业精神文化的相关知识，设置各节的知识目标，内容具体涵盖：企业价值观的含义和功能；企业伦理道德的含义和主要内容；企业家精神的主要内容；企业家与企业家精神的区别；展示企业员工风貌的方法；企业精神的来源与表达方法、企业精神文化建设的运作方法等。

通过本章学习，读者能够扎实地掌握企业精神文化的相关知识并能够熟练地加以运用。

同 步 测 试

一、单项选择题

1.（　　）是企业文化的精髓。

A．精神文化　　　　B．制度文化　　　　C．行为文化　　　　D．物质文化

2. （　　）处在企业的最高领导层，因而在企业文化建设中居于核心地位，发挥着主导作用。

　　　A．企业家　　　　B．企业　　　　　C．员工　　　　　D．企业团队

3. 企业定期举办管理论坛是（　　）类型的文体活动。

　　　A．沟通类　　　　B．管理类　　　　C．娱乐类　　　　D．艺术类

4. （　　）主要回答和解决的问题是"企业与社会的关系""企业与人的关系（客户、员工）"等根本性问题。

　　　A．企业哲学　　　B．企业道德　　　C．企业价值观　　D．企业伦理

5. （　　）是企业文化的创造者和培育者。

　　　A．企业员工　　　B．企业家　　　　C．企业楷模　　　D．企业的管理者

二、多项选择题

1. 以下属于企业家精神内容的是（　　　　）。

　　　A．安逸　　　　　B．敬业　　　　　C．冒险　　　　　D．创新

2. 企业价值观的特点有（　　　　）。

　　　A．共享性　　　　B．稳定性　　　　C．导向性　　　　D．复合性

3. 企业伦理道德的内容包含（　　　　）。

　　　A．企业与员工　　B．企业与社会　　C．企业与政府　　D．企业与个人

4. 以下（　　　　）文体活动可以展示员工风貌。

　　　A．网上聊天　　　B．演讲赛　　　　C．文化沙龙　　　D．员工生日晚会

5. 企业理念体系的表达方式有（　　　　）。

　　　A．口号化表达　　B．人格化表达　　C．企业广告　　　D．口碑相传

三、简答题

1. 简述企业价值观含义和功能。

2. 简述企业伦理道德的主要内容。

3. 简述企业家精神的主要内容。

4. 展示企业员工风貌的方法有哪些？

5. 企业可以通过什么途径来培育企业精神？

四、案例分析题

先 给 谁 换

　　走进南方李锦记任何一家分公司，都会发现，所有员工桌面上的计算机显示器全是液晶的，因为液晶显示器没有辐射，不伤眼睛，还能节省办公空间，提高工作效率。所以公司在 2003 年决定，把原来的普通显示器全部换成液晶产品。由于当时液晶产品还没有大规模上市，需要逐步买来更换。那么，先给谁换呢？是老总、总公司员工，还是一线人员？

　　按照一般企业的习惯，从上到下的顺序是"老板、管理层、员工、顾客"。但是，南方李锦记认为：优质的顾客来自优秀的员工，一切销售目标都是靠前线销售队伍完成的。南方李锦记的企业意识形态是一般习惯的翻转，是"顾客、员工、管理层、老板"。所以，第一批液晶显示器给了业务部输单组，这些最一线的同事需要一天到晚对着计算机工作，还经常加班加点；第二批更换显示器的是各地分公司，它们直接面对市场、消费者和业务伙伴；第三批换的才是总公司其他各部门的员工。

【思考】

1．南方李锦记的企业行为是由什么因素决定的？

2．用你学习过的企业文化基本理论分析南方李锦记的做法反映出什么样的企业价值理念。

职 业 实 训

【实训目的】通过案例收集，了解关于企业及企业家的更多信息。

【实训要求】按 5～7 人为一个小组，收集企业及企业家的信息，制作 PPT，并由小组选代表讲解案例。

【实训成果】老师对各小组成果进行评判，并给出相应成绩。

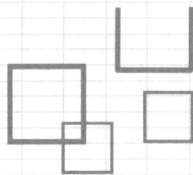
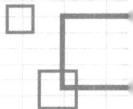

第 三 章

企业制度文化

学习目标

➲ **知识目标**

1. 明确企业制度文化的概念
2. 了解不同特色的企业制度文化

➲ **能力目标**

1. 能够正确理解企业制度文化的含义、构成、重要性和作用
2. 具备简单分析企业制度文化构成的能力

◤ 导入案例

华为文化就像企业的"魂"，推动着华为管理改进与提高

管理制度和规范是在华为文化中酝酿而成的，任何管理制度和规范的制定都不能脱离华为的文化背景，也不可能照搬其他企业制度。制定华为公司的管理制度和规范，必须从实际出发，反映自身文化特色和业务特点，才能为员工所接受和认同。因为华为文化是华为经营管理实践经验的总结，而华为的管理制度和规范也应该是华为文化中相对稳定的，符合华为公司核心价值观的并可再次通过实践检验为正确的东西，才用条文的形式加以固定化，通过试行反复证明，并在员工中达成共识后，经过正式签发和颁布，为员工共同遵守。实际上只有与华为人的文化背景相适应的管理制度和规范，才能与华为的实际相符合，才具有执行力。

管理机制是靠文化来推动的，文化是华为公司管理机制产生效力的润滑剂。各项管理者都必须认同华为企业文化，并科学灵活地运用文化建设来推动、改善华为管理。管理机制由组织、岗位职责及其管理制度和规范等构成，具有刚性。它脱胎于企业文化，同时又构建在企业文化的基础之上，靠企业文化来推动和润滑使其运转。一个管理者，尤其是中高层管理者，只精通业务，而不懂得如何抓组织建设、制度建设和文化建设，就无法实施管理。

【思考】

企业文化与制度之间有什么联系，企业制度包括哪些方面？

第一节　企业制度文化概述

　　企业制度通常在国际上也被称之为公司治理，但是我们更倾向于使用"企业制度"这一术语，因为企业制度能够更为明确和全面地反映企业在制度规定性上的内容，公司治理的提法较为含糊和带有局限性，如人们有时候会将公司治理仅仅理解为企业法人治理结构，因而我们倾向于使用企业制度的提法。

一、企业制度文化的定义

　　企业制度文化是指在一定的历史条件下所形成的企业经济关系，包括企业经济运行和发展中的一些重要规定、规程和行动准则。它是关于企业组织、运营、管理等一系列行为的规范和模式的总称。

　　企业制度文化是企业为实现自身目标对员工的行为给予一定限制的文化，它具有共性和强有力的行为规范的要求。企业制度文化的规范性是一种来自员工自身以外的，带有强制性的约束，它规范着企业的每一个人，企业工艺操作规程、厂规厂纪、经济责任制、考核奖惩制度都是企业制度文化的内容。企业制度文化作为企业文化中人与物、人与企业运营制度的中介和结合，是一种约束企业和员工行为的规范性文化，它使企业在复杂多变、竞争激烈的环境中处于良好的状态，从而保证企业目标的实现。

二、企业制度文化的特点

（一）产权清晰

　　要以法律形式明确企业的出资者与企业的基本财产关系，即企业在产权关系方面的资产所有权及相关权利的归属明确、清晰。如果企业的资产是由国家单独出资形成的，其所有权，即对资产的占有、使用、收益和处分的权利属于国家。如果企业的资产是由包括国家在内的多个出资者投资形成的，其资产所有权属于包括国家在内的多个出资者按投资数额分别所有；而企业则拥有包括国家在内的出资者投资形成的全部法人财产权，即由企业资产所有者委托或授权给企业法人对企业全部资产行使占有、使用、处分和收益的权利。企业产权关系明晰后，任何人都不得非法侵犯所有权和法人财产权。

（二）权责明确

　　这是指要合理区分和确定企业所有者、经营者和劳动者各自的权利和责任。所有者、经营者、劳动者在企业中的地位和作用是不同的，因此他们的权利和责任也是不同的。要做到"权责明确"，除了明确界定所有者、经营者、劳动者及其他企业利益相关者各自的权利和责任外，还必须使权利和责任相对应或相平衡。此外，在所有者、经营者、劳动者及其他利益相关者之间，应当建立起相互依赖又相互制衡的机制，这是因为他们之间是不同的利益主体，既有共同利益的一面，也有不同乃至冲突的一面。相互制衡就要求明确彼此的权利、责任和义务，要求相互监督。

（三）政企分开

这是指政府的经济、行政、社会管理职能要与企业的经营管理职能分开。在现代企业制度中，政府的经济管理职能主要是通过政策法规和经济手段来调控市场、引导企业经营活动，而不是直接干预企业的生产经营活动。政府的行政管理职能是政府作为国家行政机关的一种职能，企业不是政府的行政机关，不承担政府的行政管理职能，政府不能按行政机构来管理企业。此外，企业不承担社会福利、教育职能、就业职能，这些是政府的社会管理职能，通常由政府或社会组织来承担。

（四）管理科学

管理科学是一个宽泛的概念。从广义上说，它包括了企业组织合理化的含义；从狭义上说，管理科学要求企业管理的各个方面，如质量管理、生产管理、供应管理、销售管理、研究开发管理、人事管理等方面的科学化。管理致力于调动人的积极性、创造性，其核心是激励、约束机制。要使管理"科学"，当然要学习、创造，引入先进的管理方式，包括国际上先进的管理方式。对于管理是否科学，虽然可以从企业所采取的具体管理方式的"先进性"上来判断，但最终还要从管理的经济效率上，即管理成本和管理收益的比较上做出评判。

三、企业制度文化的作用 ↻

在企业中，企业制度文化是人与物、人与企业运营制度的结合部分，它既是人的意识与观念形态的反映，又是由一定物的形式所构成。同时，企业制度文化还是精神和物质的中介。制度文化既是适应物质文化的固定形式，又是塑造精神文化的主要机制和载体。正是由于制度文化的这种中介的固定、传递功能，它对企业文化的建设具有重要作用。企业制度文化是企业文化的重要组成部分，是塑造企业精神文化的根本保证。企业精神所倡导的一系列行为准则，必须依靠制度的保证去实现，通过制度建设规范企业成员的行为，并使企业精神转化为企业成员的自觉行动。制度文化是精神文化的基础和载体，并对企业精神文化起反作用。一定的企业制度的建立，又影响人们选择新的价值观念，成为新的精神文化的基础。

作为企业文化中人与物、人与企业运营制度的中介和结合，作为一种约束企业和员工行为的规范性文化，企业制度文化能够使企业在复杂多变、竞争激烈的环境中处于良好的运转状态，从而保证企业目标的实现。

第二节　企业制度文化的构成

企业制度文化主要包括领导体制、组织机构和管理制度三个方面。

一、领导体制 ↻

（一）领导体制的定义

领导体制（Leadership System）指独立的或相对独立的组织系统进行决策、指挥、监督等领导活动的具体制度或体系，它用严格的制度保证领导活动的完整性、一致性、稳定性和连贯性。它是领导者与被领导者之间建立关系、发生作用的桥梁与纽带，对于一个集体的发展具有重要意义。

案例讨论3-1　IBM公司的战略领导体制改革

自20世纪70年代末开始，科学技术的发展突发猛进，特别是在微电子技术领域，产品更新周期日益缩短，平均不到三四年。电子计算机市场竞争处于白热化程度，许多资本、技术雄厚的企业纷纷涉足这一虽有较高风险但很有发展前途的领域。IBM作为一家专门制造和销售计算机的跨国公司，一时面临着对手如林的局势。

为此，IBM不得不考虑如何建立一套有利于开发创新的体制，激发公司的活力，以适应激变的竞争环境，争取全局的主动权。于是，按照既定战略要求，IBM开始了历史上从未有过的大规模领导体制改革，着手建立20世纪80年代的"现代经营体制"。

IBM的领导体制改革过程大致上分成三个阶段：第一阶段，进行组织改革试点，在公司设立"风险组织"；第二阶段，全面调整与改革总公司的领导组织，形成新的领导体制；第三阶段，调整与改革子公司的领导体制。改革从1980年至1984年，历时四年。

公司认为：战略可以变，组织可以改，而宗旨永远不能改变。IBM支持系统的改善，开通了信息渠道，提高了决策效率，从而使领导体制具有较好的适应性。IBM的大规模领导体制改革，主要是在1983年至1984年完成的。这一改革给我们的启迪是：为了迎接新的技术革命的挑战，适应市场竞争的需要，现代企业领导体制必须以战略为中心加以改革。

【思考】

领导体制的改革能为IBM带来什么好处？

（二）领导体制的内容

领导体制的内容包括领导的组织结构、领导层次和领导跨度以及领导权限和责任的划分。

1．领导的组织结构

领导的组织结构是指领导机构内部各部门之间的相互关系和联系方式。它包括两种基本关系：一是纵向的关系，即隶属的领导关系；二是横向的关系，即平行的各部门之间的协作关系，它一般包括直线式组织结构、职能式组织结构、混合式组织结构和矩阵式组织结构四种。

2．领导层次与领导跨度

领导层次是指组织系统内部按照隶属关系划分的等级数量，即该组织系统设多少层级进行领导和管理。领导跨度又称领导幅度，它是指一个领导者能够直接有效地指挥下级的范围和幅度。

3．领导权限和责任的划分

领导权限和责任划分的中心内容是建立严格的从上而下的领导行政法规和岗位责任制，并对不同领导机构、部门之间以及领导者之间的责权做出明确的规定。

4. 领导体制的构成要素

领导体制的构成要素包括决策中心、咨询系统、执行系统、监督系统与信息反馈系统五个部分。

案例分析 3-1 思科公司组织结构网络化转型

思科公司成立于 1984 年，最初只是一家普通的生产网上路由器的高科技公司。1992 年，公司高级副总裁兼 CIO 彼得·苏维克提出利用互联网来改造公司整体运营体制，成功地构建了思科网络联结系统，从而使思科公司成为网络化企业管理的先驱。苏维克领导的互联网商业解决方案组（IBSN）也成为思科公司最具潜力的业务方向之一。现在，思科公司不仅提供网络基础设备，而且也提供业界领先的电子商务解决方案，越来越多的企业分享了思科公司应用互联网的成功经验。2000 年 3 月 27 日，思科公司股票市值达 5 550 亿美元，首次超过微软，一度成为全球股票市值最高的公司。思科公司的 CEO 约翰·钱伯斯将公司现在的网络结构系统分为三层：第一层是电子商务、员工自服务和客户服务支持，能实现的网络效应是产品、服务多样性、定制个性化服务，提高客户的满意度；第二层是虚拟生产和结账；第三层是电子学习。思科公司庞大的生产关系管理系统（PRM）和客户关系管理系统（CRM）全部基于这三层网络结构系统。思科公司的第一级组装商有 40 个，下面有 1 000 多个零配件供应商，但其中真正属于思科公司的工厂却只有两个，其他所有供应商、合作伙伴的内联网都通过互联网与思科公司的内联网相连，无数的客户通过各种方式接入互联网，再与思科公司的网站对接，组成了一个实时动态的系统。客户的订单下达到思科公司网站，思科公司的网络会自动把订单传送到相应的组装商手中。在订单下达的当天，设备差不多就组装完毕，贴上思科公司的标签，直接由组装商或供应商发货，思科公司的人连包装箱子都不会碰一下。

【点评】

网络型企业组织结构不仅能为像思科公司这样的企业巨人所应用，对于经营范围单一、分工协作密切的小型公司，更是一种可行选择。采用网络型结构的组织，它们所做的就是通过公司内联网和公司外互联网，创设一个物理和契约"关系"网络，与独立的制造商、销售代理商及其他机构达成长期协作协议，使它们按照契约要求执行相应的生产经营功能。由于网络型企业组织的大部分活动都是外包、外协的，因此，公司的管理机构就只是一个精干的经理班子，负责监管公司内部。

二、组织机构

（一）组织机构的定义

组织机构是指把人力、物力和智力等按一定的形式和结构，为实现共同的目标、任务或利益有秩序有成效地组合起来而开展活动的社会单位。

（二）组织机构的四大结构

组织结构一般分为职能结构、层次结构、部门结构、职权结构四个方面。

1．职能结构

它是指实现组织目标所需的各项业务工作及其比例和关系。其考量维度包括职能交叉（重叠）、职能冗余、职能缺失、职能割裂（或衔接不足）、职能分散、职能分工过细、职能错位、职能弱化等方面。

2．层次结构

它是指管理层次的构成及管理者所管理的人数（纵向结构）。其考量维度包括管理人员分管职能的相似性、管理幅度、授权范围、决策复杂性、指导与控制的工作量、下属专业分工的相近性。

3．部门结构

它是指各管理部门的构成（横向结构）。其考量维度主要是一些关键部门是否缺失或能否优化。

4．职权结构

它是指各层次、各部门在权力和责任方面的分工及相互关系。主要考量部门、岗位之间权责关系是否对等。

案例讨论3-2　通用电气公司的韦尔奇

当韦尔奇于20世纪80年代初接手通用电气时，美国正面临日本、韩国等的强大竞争，不少行业在进口产品的冲击下不断衰落，例如钢材、纺织、造船、家电、汽车等。韦尔奇上任伊始，对公司的状况极为不满，认为公司染上了不少美国大公司都有的"恐龙症"，即机构臃肿、部门林立、等级森严、程序复杂、官僚主义严重、反应迟钝等。在日本、德国等竞争对手面前束手无策、节节败退。为了改变这种状况，韦尔奇明确提出要以经营小企业的方式来经营通用电气，彻底消除官僚主义，并采取了一系列的具体措施。

韦尔奇一上台就大刀阔斧地削减重叠机构。当时，全公司共有40多万职工，其中有"经理"头衔的就达2.5万人，高层经理500多人，仅副总裁就有130人。公司的管理层次共有12层，工资级别竟多达29级。韦尔奇先后砍掉了350多个部门，将公司职工裁减为27万人。有人称他为"中子弹韦尔奇"，意即他像中子弹一样把人干掉，同时使建筑物保持完好无损。不过，这个比喻并不十分恰当，因为韦尔奇连建筑物本身也要加以摧毁和改造。他在裁减人员的同时，大力压缩管理层次，强制性要求在全公司任何地方，从一线职工到他本人之间不得超过5个层次。这样，原来高耸的金字塔型结构一下子变成了低平而坚实的扁平结构。

现在，通用电气有13个事业部，每个事业部都有特定的生产经营领域，如照明、电力设备、工程塑料、发动机等。公司对事业部高度授权，使其具有充分的经营自主权，但通用电气在某些方面又高度集权化。除了金融事业部以外，其余的事业部都没有注册为独立的公司，而全部统一在通用电气的名下，同属一个法人企业。这与其他很多大公司不一样。另外，通用电气的资金也是统一控制和使用的，每个事业部可以按照年度预算计划使用资金，但所有的销售收入都必须归到公司的统一账户上，既不能有"利润留存"，也不参与公司"利润分成"。各事业部发展需要的投资，均统一由公司计划安排。

通用电气的这种资金上的高度集中的体制至少有两大好处：一是可以减少应纳税额；二是可以集中大量资金用于发展那些有较大市场效益且投资规模较大的项目。

【思考】

通用电气的组织结构有什么特点，能给公司带来哪些好处？

（三）组织结构的形式

现有组织结构的形式一般有直线制、职能制、直线－职能制、事业部制、模拟分权制、矩阵制、委员会。

1. 直线制

这是最早也是最简单的组织形式。它的特点是企业各级行政单位从上到下实行垂直领导，下属部门只接受一个上级的指令，各级主管负责人对所属单位的一切问题负责。总部不另设职能机构（可设职能人员协助主管负责人工作），一切管理职能基本上都由主管负责人自己执行。直线制组织结构的优点是：结构比较简单，责任分明，命令统一。缺点是：它要求主管负责人通晓多种知识和技能，亲自处理各种业务。这在业务比较复杂、企业规模比较大的情况下，把所有管理职能都集中到主管负责人一人身上，显然是难以胜任的。因此，直线制只适用于规模较小，生产技术比较简单的企业，对生产技术和经营管理比较复杂的企业并不适宜。

2. 职能制

这是各级行政单位除主管负责人外，还相应地设立一些职能机构。如在厂长下面设立职能机构和人员，协助厂长从事职能管理工作。这种结构要求主管负责人把相应的管理职责和权力交给相关的职能机构，各职能机构就有权在自己业务范围内向下级行政单位发号施令。因此，下级行政负责人除了接受上级主管负责人指挥外，还必须接受上级各职能机构的领导。

职能制的优点是能适应现代化工业企业生产技术比较复杂，管理工作比较精细的特点；能充分发挥职能机构的专业管理作用，减轻直线领导人员的工作负担。但缺点也很明显：它妨碍了必要的集中领导和统一指挥，形成了多头领导；不利于建立和健全各级主管负责人和职能机构的责任制，在中间管理层往往会出现有功大家抢，有过大家推的现象；另外，在上级领导和职能机构的指导和命令发生矛盾时，下级就无所适从，影响工作的正常进行，容易造成纪律松弛，生产管理秩序混乱。由于这种组织结构形式的明显缺陷，现代企业一般都不采用职能制。

3. 直线－职能制

它也叫生产区域制或直线参谋制，是在直线制和职能制的基础上，取长补短而建立起来的。目前，我国绝大多数企业都采用这种组织结构形式。这种组织结构形式是把企业管理机构和人员分为两类：一类是直线领导机构和人员，按命令统一原则对各级组织行使指挥权；另一类是职能机构和人员，按专业化原则，从事组织的各项职能管理工作。直线领导机构和人员在自己的职责范围内有一定的决定权和对所属下级的指挥权，并对自己部门的工作负全部责任。而职能机构和人员，则是直线指挥人员的参谋，不能对直接部门发号施令，只能进行业务指导。直线－职能制的优点是：既保证了企业管理体系的集中统一，又可以在各级行政负责人的领导下，充分发挥各专业管理机构的作用。其缺点是：职能部门之间的协作和配合性较差，职能部门的许多工作要直接向上层领导报告请示才能处理，这一方面加重了上层领导的工作负担；另一方面也造成办事效率低。为了克服这些缺点，可以设立各种综合委员会，或建立各种会议制度，以协调各方面的工作，起到沟通作用，帮助高层领导出谋划策。

4. 事业部制

最早是由美国通用汽车公司总裁斯隆于 1924 年提出的，故有"斯隆模型"之称，也叫"联邦分权化"，是一种高度（层）集权下的分权管理体制。它适用于规模庞大、品种繁多、技术复杂的大型企业，是国外较大的联合公司所采用的一种组织形式，近几年我国一些大型企业也引进了这种组织结构形式。事业部制是分级管理、分级核算、自负盈亏的一种形式，即一个公司按地区或按产品类别分成若干个事业部，从产品的设计、原料采购、成本核算、产品制造，一直到产品销售，均由事业部及所属工厂负责，实行单独核算、独立经营。公司总部只保留人事决策、预算控制和监督大权，并通过利润等指标对事业部进行控制。也有的事业部只负责指挥和组织生产，不负责采购和销售，实行生产和供销分立，但这种事业部正在被产品事业部所取代。还有的事业部则按区域来划分。

5. 模拟分权制

这是一种介于直线职能制和事业部制之间的结构形式。许多大型企业，如连续生产的钢铁、化工企业由于产品品种或生产工艺过程所限，难以分解成几个独立的事业部；又由于企业的规模庞大，以致高层管理者感到采用其他组织形式都不容易管理，这时就出现了模拟分权组织结构形式。所谓模拟，就是要模拟事业部制的独立经营、单独核算，而不是真正的事业部，实际上是一个个"生产单位"。这些生产单位有自己的职能机构，享有尽可能大的自主权，负有"模拟性"的盈亏责任，目的是要调动其生产经营积极性，达到改善企业生产经营管理的目的。需要指出的是，各生产单位由于生产上的连续性，很难将它们截然分开，就以连续生产的石油化工为例，甲单位生产出来的"产品"直接就成为乙生产单位的原料，这当中无需停顿和中转。因此，它们之间的经济核算，只能依据企业内部的价格，而不是市场价格，也就是说这些生产单位没有自己独立的外部市场，这也是与事业部的差别所在。

模拟分权制的优点除了调动各生产单位的积极性外，就是解决企业规模过大不易管理的问题。高层管理人员将部分权力分给生产单位，减少了自己的行政事务，从而把精力集中到战略问题上来。其缺点是，不易为模拟的生产单位明确任务，造成考核上的困难；各生产单位领导人不易了解企业的全貌，在信息沟通和决策权力方面也存在着明显的缺陷。

6. 矩阵制

矩阵制组织结构，是既有按职能划分的垂直领导系统，又有按产品（项目）划分的横向领导关系的结构。

矩阵制是为了改进直线职能制横向联系差、缺乏弹性的缺点而形成的一种组织形式。它的特点表现在围绕某项专门任务成立跨职能部门的专门机构上，例如组成一个专门的产品（项目）小组去从事新产品开发工作，在研究、设计、试验、制造各个不同阶段，由有关部门派人参加，力图做到条块结合，以协调有关部门的活动，保证任务的完成。这种组织结构形式是固定的，人员却是变动的，需要谁，谁就来，任务完成后就可以离开。项目小组和负责人也是临时组织和委任的，任务完成后就解散，有关人员回原单位工作。因此，这种组织结构非常适用于横向协作和攻关项目。

矩阵制适用于一些重大攻关项目。企业可用来完成涉及面广的、临时性的、复杂的重大工程项目或管理改革任务。特别适用于以开发与实验为主的单位，例如科学研究，尤其是应用性研究单位等。

7．委员会

委员会是组织结构中的一种特殊类型，它是执行某方面管理职能并以集体活动为主要特征的组织形式。实际中的委员会常与上述组织结构相结合，可以起决策、咨询、合作和协调作用。其优点是：可以集思广益；利于集体审议与判断；防止权力过分集中；利于沟通与协调；能够代表集体利益，容易获得群众信任；促进管理人员成长等。其缺点是：责任分散；议而不决；决策成本高；少数人专制等。

三、管理制度

管理制度（Management Systems）是对企业管理活动的制度安排，包括公司经营目的和观念，公司目标与战略，公司的管理组织以及各业务职能领域活动的规定。管理制度是比企业基本制度层次略低的制度规范。它是用来约束集体行为的成体系的活动和行为规范，主要针对集体而非个人。

案例讨论 3-3　奥克斯集团的管理制度

奥克斯集团秉承以人为先、诚信为本的企业宗旨，坚持做大做强制造业的产业发展方向，目前已成为全球电力行业和中国家电行业具有较高市场地位，通信行业与汽车行业具有较强竞争力和广阔发展前景的大型企业集团。奥克斯集团快速、健康、高效的发展，其主要动力源自于奥克斯集团多年经营中总结积累起来的企业文化理念，奥克斯集团一贯坚持以人为本、诚信立业的企业宗旨，对企业文化理念的探索，始终抱着一种与时俱进、不断自我超越的精神，本着务实高效原则进行创新和定位，最终形成了以经济价值规律为刚性平台，以有理服从原则为柔性理念，将严密性和开放性有机统一，并强调以效率为中心的管理特色。

与所有大企业一样，奥克斯集团的制度几乎覆盖了每一位员工的每一项活动，大到公司章程，小到员工着装，堪称应有尽有。但是，数量过多过滥、内容艰涩费解的制度文件，是一种形式隐秘，却同样可能引致危机的大企业病。所以奥克斯集团将制度文字"瘦身"，保留的大部分为必需的质量体系和财务方面的制度。另外，奥克斯集团还引入了现代企业管理制度：在财务制度上导入了 ERP 系统；在质量管理上引进了ISO9001 质量管理体系；在人力资源管理上有完善的绩效考核体系。奥克斯集团科学、完善的管理制度使其内部管理有条不紊，形成了一股强大的凝聚力，为在市场竞争中的胜出奠定了坚实的基础。

【思考】

如何建立一个合理的、有效的企业管理制度？

（一）建立管理制度的主要步骤

没有完善的管理制度，任何先进的方法和手段都不能充分发挥作用。为了保障信息管理系统的有效运转，我们必须建立一整套信息管理制度，作为信息工作的章程和准则，使信息管理规范化。建立完善的信息管理制度主要包括以下几个方面：

1．建立原始信息收集制度

在组织信息管理中，要建立相应的制度，安排专人或设立专门的机构从事原始信息收集的工作。要对工作成绩突出的单位和个人给予必要的奖励，对那些因不负责任造成信息延误和失真，或者出于某种目的胡编乱造、提供假数据的人，要给予必要的处罚。

2．规定信息渠道

在信息管理中，要明确规定上下级之间纵向的信息通道，同时也要明确规定同级之间横向的信息通道。建立必要的制度，明确各单位、各部门在对外提供信息方面的职责和义务，在组织内部进行合理的分工，避免重复采集和收集信息。

3．提高信息的利用率

信息的利用率，一般指有效的信息占全部原始信息的百分率。这个百分率越高，说明信息工作的成效越大。反之，不仅在人力、物力上造成浪费，还使有用的信息得不到正常的流通。因此，必须提高信息工作人员的业务水平，健全信息管理体系，通过专门的训练，使信息工作人员具有识别信息的能力。同时，必须重视科学的定量分析方法，从大量的数据中找出规律，提高科学管理水平，使信息充分发挥作用。

4．建立灵敏的信息反馈系统

信息反馈是指及时发现计划和决策执行中的偏差，并且对组织进行有效的控制和调节，如果对执行中出现的偏差反应迟钝，在造成较大失误之后才发现，这样就会给工作带来损失。因此，组织必须把管理中的追踪检查、监督和反馈摆在重要地位，严格规定监督反馈制度，定期对各种数据、信息作深入的分析，通过多种渠道，建立快速而灵敏的信息反馈系统。

（二）管理制度的主要性质

1．重要性

企业依法制定规章制度是企业内部"立法"，是企业规范运作和行使职权的重要方式之一。企业应当最大限度地利用和行使好法律赋予的这一权利。但实践中大量企业并未对此予以充分的重视，它们认为反正有国家法律、法规，出了事按国家法律、法规处理就行了。其实不然，国家法律、法规是大法，相对比较概括，而企业的具体情况千差万别，需要的是更准确详尽、可直接运作的规范。成功完善的企业制度，其效果是使企业运作平稳、流畅、高效，并可防患于未然，使企业不战而屈人之兵；不得不战时，也可使企业做有准备之战，胜券在握。

2．规范性

（1）企业管理制度具有规范性，而且只有具有一定的规范性才能发挥企业管理制度的作用。企业管理制度本身就是一种规范，企业因为生存和发展需要而制定这些系统性、专业性相统一的规定和准则，就是要求员工在职务行为中按照企业经营、生产、管理相关的规范与规则来统一行动、工作。如果没有统一的规范性的企业管理制度，企业就不可能在企业管理制度体系正常运行下，实现企业的发展战略。一个具体、专业性的企业管理制度，一般是由与此专业或职能方面有关的规范性的标准、流程或程序、规则性的控制、检查、奖惩等因素组合而成的。在很多场合或环境里，规则=规范+程序。从一个具体的企业管理制度的内涵及其表现形式来讲，企业管理制度主要由编制目的、编制依据、适用范围、实施程序、编制形成过程、与其他制度之间的关系等因素组成的，其中属于规范性的因素有：编制目的、编制依据、适用范围、制度的构成等；属于规则性的因素有：实施过程的环节、实施的具体程序、控制制度实现或达成期望目标的方法及程序；形成制度的过程，完善或修订制度的过程，制度生效的时间，与其他管理制度之间的关系。

（2）实施规范性制度的全过程是规范的，而且是全员的整体职务行为或工作程序是规范的。只有这样，企业管理制度体系的整体运作才有可能是规范的。

（3）企业管理制度的规范性是在稳定和动态变化相统一的过程中呈现的。企业管理制度的规范性要求企业管理制度呈稳定和动态统一，长年一成不变的规范不一定是适用的规范，经常变化的规范也不一定是好规范，所以应该根据企业发展的需要而实现相对的稳定和动态的变化。在企业的发展过程中，企业管理制度应是具有相应的稳定周期与动态的时期，这种稳定周期与动态时期是受企业的行业性质、产业特征、企业人员素质、企业环境、企业家的个人因素等相关因素综合影响的。企业应该依据这些影响因素的变化，控制和调节企业管理制度的稳定性与动态性。

导致规范性的企业管理制度动态变化时的因素一般有三种情况：

1）企业经营环境、经营产品、经营范围、全员素质等发生变化，相应会引发组织结构、职能部门、岗位及其员工队伍、技能的变化，继而会导致使用、执行原有的企业管理制度中规范、规则的主体发生变化，企业管理制度及其所含的规范、规则因素必然因执行主体的变化而改变或进行修改、完善。

2）产品结构、新技术的应用导致生产流程、操作流程的变化，生产流程、操作程序相关的岗位及其员工的技能必然要随之变化，与之相关的企业管理制度及其所含的规范、规则、程序等因素必然因此而改变或进行修改、完善。

3）因为发展战略及竞争策略的原因，企业需要不断提高工作效率、降低生产成本、增加市场份额，而当原有的管理制度及其所含的规范、规则、程序成为限制时，就有必要重塑企业机制，改进原有企业管理制度中不适应的规范、规则、程序。

案例讨论3-4 丰田高度体现权威的控制管理

日本的企业大都非常严谨，层级、部门很多，而且每次做决定之前都要开非常多的会。丰田也是这样的企业，丰田对于每一件事情都有严格的规定，将所有的事情标准化，规定员工的每一个动作。丰田将泰勒的科学管理发挥到了极致，然而丰田却又是一个人性化的公司，它注重员工的潜能开发，而不是像科学管理一样将人看作机械的一部分。丰田将员工看作企业最核心的价值。因此在强度控制之外，丰田的员工拥有范围广泛的参与权，他们可以对公司的决策和政策提出意见，可以参与企业的规划和发展。丰田的控制并没有僵化企业，其最重要的原因也是在于员工的参与和调动所有员工的积极性。合理化建议就是丰田调动所有员工积极性的方法，并且取得了巨大的成功。

【思考】

丰田在管理方面的特色是什么？

（三）管理制度的作用、种类划分和制定原则

1．作用

企业管理制度是实现企业目标的有力措施和手段。它作为员工行为规范的模式，能使员工个人的活动得以合理进行，同时又成为维护员工共同利益的一种强制手段。因此，企业各项管理制度，是企业进行正常经营的强有力的保证。优秀企业文化的管理制度必然是科学、完整、实用的管理方式的体现。

2．种类

企业管理制度大体上可以分为规章制度和责任制度。规章制度侧重于工作内容、范围和工作程序、方式，如管理细则、行政管理制度、生产经营管理制度。责任制度侧重于规范责任、职权和利益的界限及其关系。一套科学完整的企业管理制度可以保证企业的正常运转和员工的合法利益不受侵害。

3．制定原则

企业管理制度的制定要依照企业自身的实际情况进行，制度的目的是让企业更加高效、稳定的运行，但由于每家企业在行业、组织结构、人员结构等各方面都存在着差异，所以世界上没有任何一个管理制度适用于所有的企业。在制定企业管理制度的时候，要遵循以下几个原则：①要严格依照法律、法规和规章制度的原则；②坚持从公司实际出发，认真调查研究；③坚持民主集中制原则。

案例讨论3-5　思科公司强调执行的文化和文化的包容性

美国硅谷的思科公司是一家年轻的公司，三十几年的时间里，它成为全球最大的路由器供应商，它所生产的路由器设备一度承载了全球互联网 80%左右的数据流量。

文化的形成是一个企业长期发展的结果。虽然思科公司只有短短的三十几年的历史，但是在三任领导人的共同努力下，思科公司已经形成了一套成型的、独特的思科文化。思科文化与其他公司的文化最大的区别就在于思科公司文化的特质是执行，思科公司的成功也在于这一点。在思科公司，"如果事情不能衡量，那就不要做"的理念深入人心。所以，在别的公司还在开会讨论的时候，思科公司已经开始行动了。

文化与制度的结合一直是企业头疼的事情，而思科公司却完美地将文化与制度融合到了一起。思科公司的企业文化实际上是包含商业策略、管理策略和文化策略在内的企业文化，是公司战略与价值观的结合体。例如，客户导向一直是思科公司的核心价值理念，而思科公司在其运营和决策中，将客户成功作为一个重要的目标和评价标准，并根据客户成功的要求建立公司的薪酬体系和考核体系。所以，在思科公司，文化不仅仅是员工卡上的口号，而是一种制度化的安排，将文化完全融入制度当中，以此来实现企业的文化诉求。

【思考】

思科公司的制度文化在思科的发展中起到了什么作用？

第三节　中国特色企业制度文化案例

—— 东航塑造现代企业文化之路

中国东方航空集团公司（以下简称"东航"）是国内三大航空集团之一，1988年正式建立，总部设在上海。东航以航空客货运输为主业，在原中国东方航空集团公司的基础上，兼并中国西北航空公司，联合中国云南航空公司重组而成，是中国民航第一家在纽约、香港和上海三地上市的航空公司。2014年9月29日上午，中国东方航空首架波音777-300ER飞抵北京首都国际机场，华丽亮相。截至2015年7月，东航共拥有386架客机。

东航的快速成长得益于其完善的现代企业制度，在建立和完善现代企业制度的过程中，东航深知进行企业文化创新的必要性和紧迫性，并且一直在思索建设什么样的企业文化和怎样进行企业文化建设的问题。在多年企业文化实践的基础上，东航人紧密结合现代企业制度的要求，经过不断创新，最终打造出独具东航特色的企业文化。

一、现代企业文化在现代企业制度发展中孕育而生

企业制度的转型改变了企业的生存环境，民航企业已经从一个垄断性的半军事化单位转变为独立的市场竞争主体，面对着形形色色、个性各异的顾客群体和虎视眈眈、在市场中奋力拼杀的竞争对手，这对长期受计划经济思维惯性影响的企业员工的思想和价值观念形成巨大冲击。在建立现代企业制度的过程中，东航加快了文化转型，努力打破阻碍现代企业制度成长的传统观念，积极倡导符合现代企业制度要求的价值观念。

二、现代企业的特色文化理念

企业理念是企业文化的核心内容，个性鲜明、符合企业自身特点的企业理念本身就是一种竞争优势。良好的企业文化、优秀的企业理念必须能帮助企业形成并发挥自身的特色，企业理念的定位一定要符合企业的内外环境特征。

东航理念从外部看，是始终坚持以顾客为中心，凭借为市场和社会提供具有特色的产品或服务，才能不断扩大市场竞争优势，实现自身利益最大化。同时也要处理好与社会环境的共生关系，企业不能仅追求自身利益最大化，而要以满足社会需求为最高宗旨，在积极参与竞争的同时，营造诚信文化、合作文化等，努力实现公司与各方面的和谐。从内部看，企业文化建设的任务在于坚持以员工为本，为员工个人价值的实现和全面发展创造良好的条件。企业要充分参与市场竞争并获取竞争优势，就必须发挥全体员工的聪明才智，只有充分尊重员工，激发员工的积极性、主动性和创造性，才能将员工拧成一股绳，增强企业凝聚力，提高企业核心竞争力。

东航理念熔铸了东航优秀文化传统、时代特征、民航特色及各地域文化特色，强调企业与员工、社会之间的共生关系，从而为企业发展找到了一个具有鲜明个性特征的文化支点。

三、制度建设是塑造现代企业文化的有力保证

制度管理和文化管理是现代企业管理中两个不可或缺的部分，制度离不开文化的支

撑，文化离不开制度的支持。在确定了大力推广宣传以"精诚共进"价值观为核心的东航文化理念的企业文化建设方向后，东航积极进行制度建设，促进企业文化理念深入人心，并内化到员工的行动中。

文化的力量在于教化和熏陶，是看不见摸不着的，如果操作不当，文化建设很容易停留在口号和标语上。东航努力完善企业文化管理制度体系，并将企业文化建设当作一项长期的工程来抓。在推广宣传《东航心语》之前，公司就结合实际制订了三年计划，还明确要求各单位主要领导亲自抓企业文化，并将企业文化建设纳入领导干部考核目标体系。员工是否真正接受企业文化理念，主要看他的行为是否符合企业文化的要求，但是必须使员工的行动有一个可操作、可执行的标准，这就是岗位道德行为规范。为此，东航着手修改制定各岗位的道德行为规范，使企业文化理念与各个岗位的具体工作相结合，为员工日常行为提供参考。同时，公司结合安全管理，大力推进安全文化年建设，既发挥文化建设在安全管理中的作用，又突出安全在航空企业文化的重要性。此外，东航还探索建立量化的企业文化管理指标评价体系，通过一些量化的指标去衡量各单位和部门企业文化建设工作的成效，提高企业文化管理的操作性和可行性。通过建立一系列的文化管理制度，实现企业文化管理的制度化和科学化，保障企业文化建设工作持续有力地开展。

制度和文化的背离是企业文化建设中的常见问题，为了避免这种背离，东航加快了重组改制、主业整合，坚持和强化内部改革，通过改革为进一步推进企业文化建设提供强大的动力支持。一方面，公司加大了推进用人、用工、薪酬"三项制度改革"的力度，按照现代企业制度的要求，加快实施人事、劳动分配制度再造，使资源分配更公平、更合理，努力形成公平竞争的氛围。另一方面，公司加速实施"管理再造"工程，优化企业内部组织结构，理顺企业内部组织关系，以形成各司其职、各负其责、相互协调、有效制衡的运作机制，保障公司各项经营目标的顺利实现，为全体员工创造一个良好的发展环境，切实维护全体股东和员工的利益。

在建设现代企业文化过程中，东航紧抓现代企业制度和现代企业文化的融合，打造了独具东航特色的企业文化，为企业发展注入了持久的动力。进一步弘扬以"精诚共进"价值观为核心的企业文化理念，不断完善现代企业制度，促进现代企业的发展，则是东航今后企业文化建设的方向。

本 章 小 结

本章主要介绍了企业制度文化的概念、构成、重要性与作用，通过对上述内容的介绍，让学生了解不同特色的企业制度文化，同时在学习的过程中具备分析企业制度文化构成的能力，并明确企业制度文化对于企业发展的重要性。

复习与思考：

1. 企业制度文化的主要构成是什么？
2. 企业制度文化在企业的发展过程中起到了什么作用？
3. 企业制度管理的重要性和规范性分别是什么？
4. 建立适合的企业制度文化可以从哪些方面入手？

同 步 测 试

一、单项选择题

1. 企业制度文化是企业为实现（　　）对员工的行为给予一定限制的文化。
    A．企业目标　　　　B．企业效益　　　　C．企业利润　　　　D．企业宗旨

2. 不属于企业制度文化特点的是（　　）。
    A．产权清晰　　　　B．责权明确　　　　C．政企结合　　　　D．管理科学

3. 组织系统内部按照隶属关系划分的等级数量，即该组织系统设多少层级进行领导和管理指的是（　　）。
    A．领导层次　　　　B．领导幅度　　　　C．领导权限　　　　D．领导体制

二、多项选择题

1. 组织机构包括以下哪三个内容（　　）。
    A．单位　　　　　　B．部门　　　　　　C．岗位　　　　　　D．人员

2. 下列选项属于组织结构的表现形式的是（　　）。
    A．直线制　　　　　B．直线职能制　　　C．事业部制　　　　D．曲线制

3. 下列属于管理制度主要性质的是（　　）。
    A．重要性　　　　　B．规范性　　　　　C．前瞻性　　　　　D．不确定性

三、简答题

1. 企业制度文化包括哪几个方面？
2. 如何建立一个合理的、有效的企业管理制度？

四、案例分析题

"企鹅帝国"的企业制度文化

腾讯的企业文化，吸引到的人才，大部分是热爱互联网产品和技术的，再加上腾讯有很完善的导师制度、产品人员和技术人员的晋升考核路径，相信在大部分时候，员工工作的欲望和动力都是足够的。尤其是，当自己崇拜的创始人、高管们如此深度地关注产品（在腾讯微博上，常常看到很多高管对于多个产品的用户反馈，不只是最重要的几个产品，都给予很高的重视），在其中的人，怎么可能缺乏动力呢？

我们随便看看腾讯的制度文化中的几点体现：

设置一个质量监控小组，由经验非常丰富的高级产品人员构成，赋予他们很大的权力，去监控和规范所有的产品项目。并且用 KPI 来制约产品项目服从这些规范。为了不搞教条主义，很多规范都是在立项之初，由项目经理和这个小组共同确认的，未必是硬性指派，但一经确认就受到严格监控，确保好的规范不流于空喊口号。

公司高层（包括马化腾）会不定期巡查每一个产品论坛，一旦发现有不认真回复用户的情况，立即予以训诫，确保产品人员与用户长期保持近距离接触。

每个产品都设置内部的交流平台，并分为两部分，一块类似留言板，由产品主管发布项目的进度、动态；另一块是论坛，向公司内部所有人开放，接纳反馈。在腾讯内部已经形成了非常活跃的氛围，甚至以该平台人气高涨为荣（至少产品主管会喜欢这个），利用

这个平台跨项目提意见，或是项目组内部交流思维碎片都很常见，达到了群策群力、内部监督的效果。

（资料来源：http://www.chinaz.com）

【思考】
从腾讯制度文化的一部分体现中，你能看到些什么？

职 业 实 训

【实训目的】 通过优秀企业制度文化收集，体会企业制度对于企业文化的重要性。
【实训要求】 学生由 3~5 人组成一个小组，收集众多有特色的企业制度文化的案例，并制作 PPT。
【实训成果】
（1）以小组为单位，在课堂上结合已完成 PPT，对企业制度文化进行展示与分析。
（2）探讨企业制度对于企业文化形成的作用。

第四章
企业行为文化

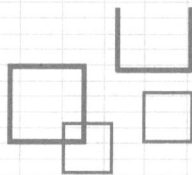

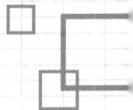

学习目标

⊃ 知识目标
1. 了解不同特色的企业文化
2. 理解企业行为文化的概念
3. 掌握企业行为文化建设的基本知识

⊃ 能力目标
1. 能解决企业行为文化建设的基本问题
2. 能处理校园文化建设中出现的问题
3. 能应用企业行为文化的知识分析校园文化、班级文化

第一节　企业行为文化内涵

引导案例

晨光，小文具做出大企业

晨光文具从 1997 年创业至今，业绩辉煌，荣誉累累，是国内文具行业的隐形冠军。晨光文具坚持做自主品牌，沉住气打造产品和建设渠道，多年坚持下来，终成王者。市场部经理解双锋介绍："我们的老板是简单真诚务实的人，我们的企业文化也很简单，就是专注于做好文具事业。这么多年下来，从董事会到公司高层，都经历过很多诱惑，从代工热、投资热、房地产热到金融热，但我们始终专注于文具产业，没动过其他心思。"晨光文具最大的核心优势在于晨光文具的企业文化，一进晨光文具厂区的大门，就能看到大楼上写着的"真诚合作，务实双赢"。有一次开会时，一个新来的员工在做工作汇报时候反复说到"经销商"，老板就提示他，应当说成"合作伙伴"。晨光文具的营销政策和做法，都考虑到了经销商的利益，将快速消费品的渠道分销模式引入文具行业，结合保险行业的直销模式，推出"快速消费品大流通模式+直销模式"，形成了晨光文具特有的"伙伴金字塔"模式。从总部到分公司，晨光文具采用"手把手"师徒制传统传授的方式，一点点、一步步梳理渠道，打造各级市场，直至乡镇农村市场。这个模式结合了传统与现代，效率比较高，也融入了企业文化和技能，效果突出，投入产出比很高。同时采用"层层负责，层层分享"的理念，将晨光文具和所有的合作伙伴打造成一个共生共赢的"利益共同体"。

创业多年，晨光文具还保持着一个创业型企业的激情和风格。市场部经理解双锋说："我们出差是很累的，每次出去都要解决一些问题，比在公司要累得多。副总、老板、员工所有人都是这样，从上到下以身作则，形成了晨光文具的传统和企业文化。"正是因为稳打稳扎和专注勤奋，晨光文具发展的势头良好。在金融危机里，晨光文具不仅没有裁员、减薪，还启动了"百千万工程"：引进300名应届大学生；新增基层作业岗位超过1000个；发展1800家加盟店，由此创造10 000人的就业机会。

【思考】

1. 晨光文具的企业文化对企业发展的作用是什么？
2. 晨光文具的企业文化给我们带来哪些启示？

一、企业行为文化的定义

企业行为文化即企业文化的行为层，是指企业员工在企业经营、教育宣传、人际关系活动、文娱体育活动中产生的文化现象。企业行为文化是企业文化的重要组成部分，是企业文化的重要层次，作为一种动态的文化成果，是通过企业人的行为表现出来的。它是企业经营作风、精神面貌、人际关系的动态体现，也是企业精神、企业价值观的折射。人们了解一个企业，多是透过企业的行为给他们的印象。消费者来到企业购买商品，如果店员的态度和举止不佳，比如接待客人不够亲切，总机客服人员应答电话不够礼貌，售后服务差等，那么不管企业怎么树立统一的标识招牌，穿着统一制式的标识服装，也不管该企业多么费心设计华丽的店铺外观和装潢，都无法使消费者留下良好的印象。

企业行为文化建设是企业文化建设的重点。行为文化是企业文化的重要载体。没有行为文化，企业文化就无法实现。理念说得再美，外表搞得再好，制度定得再细，都不如做得实在。麦当劳之所以赢得世界良好的评价，就是因为它在全世界所有的连锁店中都做到了企业理念与行为一致。麦当劳经常派出监察员巡视各连锁店，再把审查结果向总公司或地区总部报告，如果审查结果不良，该店的店长考核就会受很大影响。如在美国某麦当劳特许快餐店里，有一次发现了一只苍蝇，虽然只是一只苍蝇，但是它破坏了麦当劳的质量、服务、清洁的企业理念。两星期后，这家快餐店的特许权被吊销。这件事被宣传后，给所有麦当劳快餐店以警示。

案例讨论4-1 一张餐卡

深圳发展银行某市分行T行长率团前去W公司洽谈合作事宜。会谈进行得轻松而愉快，经双方协商，深圳发展银行众领导对W公司的核心业务表现出浓厚的兴趣，达成了在此业务领域开展广泛合作的意向。会谈之所以进展得如此顺利，原来是因为一张餐卡深深打动了T行长一行。在当天的接待午宴上，T行长向W公司总裁讲述了这件平凡的小事。

据了解，当日上午6:50，T行长一行第一次抵达W公司，拟就项目合作进行洽谈。因为距离公司上班时间还早，T行长一行都没有吃早餐，在附近又找不到一家早餐店，询问之下，T行长一行来到公司的职工餐厅。T行长首先到橱窗口问："我们能不能在这里吃早餐?"服务员说可以，但必须刷卡，而当了解到T行长一行没有就餐卡时，服务员建议可用现金来换借一张员工餐卡使用。T行长与售餐人员的对话，引来公司一名职工的热心，将自己的餐卡热情地借给了他，让 T 行长一行刷卡购餐。而且现场很多职工在排队时主动礼让，方便 T 行长一行购餐。

T 行长购餐完毕后，想要将餐卡和等额的餐费现金交还原主，却被公司的这名职工微笑着婉言谢绝了。事情虽小，但 T 行长一行当时心情比较感激，立即追问这名职工叫什么名字，这位职工只说自己是公司的一名职工，没有留下自己的姓名。

T 行长说，我们第一次到 W 公司，人生地不熟，竟偶然地得到素不相识的职工的帮助，心情十分激动，从这件小事上，他们深深感受到公司干部职工良好的思想品德和高尚的情操。这名做好事不留名的职工正是公司广大干部职工的缩影，窥一斑而知全豹，从中可以看出公司广大职工良好的综合素质和公司良好的企业文化。T 行长表示，这件事情使深圳发展银行增强了向公司投资的信心，坚定了与公司加强业务上广泛合作的信念。一张小小的餐卡，竟为 W 公司的项目融资业务搭成桥梁，成功地促成业务领域的广泛合作，带来始料不及的收获。

【思考】
通过这个故事，你有哪些感想和启发？

二、企业行为文化的内涵

如何科学理解行为文化的内涵？

第一，行为文化体现并创造着企业文化。在企业里，无论是企业行为还是企业人的行为，都不同程度地折射出企业的文化，尤其是一些习惯性行为。实际上，行为背后的文化动因也是千差万别的，有些是自我意识的流露，有些是被动执行的反映，而只有那些真正由企业价值理念支撑下形成的行为习惯，才能具有高效的执行力，并为企业创造源源不断的驱动力。现代企业的核心竞争力在于员工素质的较量，员工是否具有职业化素质以及职业化程度的高低，决定了企业自身的未来和发展，也决定了员工自身的未来和发展。

第二，企业行为文化丰富了企业文化的概念。荷兰社会人文学家 G 霍夫斯塔德教授在其著作《跨越合作的障碍——多元文化与管理》中开篇即论述：尽管不同时代、不同民族的文化各具特色，但其结构形式大体是一致的，即由各不相同的物质生活文化、制度管理文化、行为习俗文化、精神意识文化等四个层级构成。根据该理论，我们可以把企业文化分成形象、行为、制度和价值观四个层次。

第三，行为文化建设是实现价值观管理的必由之路。在企业文化构成的层次关系中，价值观是企业文化的核心、是指导一切的思想源泉；制度是理念的延伸，对行为产生直接的规范和约束力；形象是人的感官所能直接触及、企业文化最具象的表现形式。但是这三个层次都是通过行为来表现和实现的。

第二节　企业行为文化的内容

引导案例

英特尔成功的来源

英特尔（Intel）公司创立于 1968 年，20 世纪 70 年代开发出世界上第一块个人计算机微处理器，并且构筑了成功的商业模式——不断改进芯片设计。进入 90 年代更是加速了"自己淘汰自己"，最终一举成为世界上最大的计算机芯片供应商。人们也许会把这种成功归因于英特尔的强大技术研发能力，然而背后这一切都是基于摩尔定律，基于公司确定的"永不停顿，不断创新"的企业理念。正如公司总裁巴雷特所说的："如果有什么关键因素指导我们如何推进企业发展的话，那么这个关键因素就是公司文化。"

在我国长期的企业文化研究中，有这样一个错误的认识，即认为制度应该比行为更加接近企业文化的核心，但事实恰恰相反。因为从制度上，我们可以要求员工在接客户电话时要及时响应，甚至在接待的时候要充满热情。但是，怎么样才算充满热情？员工在接客户电话的时候是不是真正充满热情？这些都不是制度可以考核到的，只有员工自己从心里认同这样的规定，他才会表现出这样的行为，甚至是更为优秀的行为。行为背后，是企业文化对员工的影响，是员工对企业价值观的认同。那种将制度视为比行为更加靠近企业文化核心的观点，其实是将行为等同于企业文化的第一层次——形象层，把员工的那种受价值观影响而采取的行为视作一种企业的形象。

从广义上理解企业行为，它的行为主体包括两大类：企业和企业人。从狭义上理解企业行为，一般是指企业人的行为，即领导者、模范人物和企业员工群体等的行为。因为，企业作为一个组织，其行为也是由人来执行的。比如，我们讲诚信文化，企业在经营过程中要讲诚信，具体体现为恪守承诺、公平交易、童叟无欺等，它是组织的行为，但要通过具体人的行为来实现。

一、企业整体行为

企业整体行为是指那些以企业整体形式表现出来的行为，是指企业为了实现一定的目标而采取的对策和行动。根据行为作用的范围可以分为内部行为和外部行为，具体包括：市场环境的变化、政府的政策导向、科学技术发展水平、投资环境和资金使用状况、企业内部的利益分配、企业领导的素质水平等。而影响企业行为的因素主要取决于企业的治理结构、企业外部环境和企业家等。

首先，企业治理结构对企业行为的影响在于，企业是不同利益主体的组合：所有者、经营者和生产者。不同的利益主体，都要求企业目标和本身利益一致。不同的利益主体可能产生不同的企业目标，不同的企业追求产生不同的企业行为。在社会主义市场经济条件下，企业要想兼顾多方利益，实现企业目标，最好的途径是建立现代企业制度，明晰产权关系，并建立与之相应的组织结构。合理的治理结构，可以使所有者、经营者、生产者三者之间权责分明、互相制衡，可以充分调动三方积极性，促使企业行为合理化，避免短期行为和唯利是图的倾向。

其次，企业外部环境的变化对企业行为的影响在于，外部环境的变化往往是企业行为的直接诱因。这些外部环境包括政治、经济、社会、技术等多方面内容，会对企业的决策、企业战略的制定和执行、企业的经营活动等有直接影响。比如，对中国奶制品行业影响深远的"三聚氰胺"事件，使得所有的食品企业把安全和责任放在了首要考虑的位置；受全球金融危机影响，中国的制造行业尤其是外贸依赖性的企业经营模式开始发生了一系列显著的变化；至于企业的裁员、降薪等行为也是外部环境作用的直接结果。每个企业面对的外部环境都有一定的特性，它在一定时期大致是稳定的，但在长期来看，外部环境也是不断改变的。企业在做出管理决定时,要充分考虑外部环境的因素并根据变化做出适当调整。

最后,企业家对企业行为文化的影响在于,企业家作为企业的灵魂人物,他们的知识能力和个性品质等是企业文化生成的重要基因,往往主导着企业文化的特质和风格,并制约和引导着企业文化的个性和发展,尤其在企业初创和企业文化形成阶段起着决定性作用。企业家是工业社会的重要产物,作为一种精神现象,企业家属于现代群体中的一个特殊阶层,拥有一套独特的心态、价值观念和思维势态,也就是用这种“超经济”的东西对经济活动产生深刻的影响,并在相当大的程度上决定了经济进程。他们立足企业,关注社会,致力各种资源的最优组合,推动生产力发展,最终促进经济、社会的全面进步。优秀的企业文化不是自发形成的,而是企业家经过无数的实践和经验总结,长期努力,不断进取而得以形成并发展起来的。我国的企业文化应当具有民族特色,充分考虑我国国情,同时也要有企业自身的特色,达到共性与个性的完美结合。

二、企业人行为

企业的行为文化是通过企业人的行为表现出来的。企业成员从普通成员到企业家,尽管在企业经营中的分工不同,责任和权力不同,但都是企业文化建设的主体,靠自身的实践与创造,推动企业文化的进步与发展。企业人行为又可以分为企业家行为、企业模范人物行为和企业员工行为等。

(一)企业家行为

企业家是企业经营的主角。人们常说“企业文化就是老板文化”,说明企业家对企业和企业文化的影响之大。企业家行为展现的是企业领导的思维方式和行为方式,在企业发展的不同阶段对企业行为的影响是不同的。在企业发展初期,企业家的个人能量和影响力对于企业的发展起到决定作用,企业家往往把自己的信仰和价值观移植到企业的经营决策活动中,对企业行为和员工行为具有强烈的示范效应,与企业命运休戚相关。随着企业的发展壮大,企业的核心团队不断融入新的成员,企业家个人的作用逐步弱化,领导者群体的作用在逐渐增强,但是企业家、特别是富有魅力的强势型企业家对企业行为的影响力在中国现实环境中还是非常大的。比如,联想与柳传志、海尔与张瑞敏、华为与任正非……企业家的身体力行和实践倡导是企业行为的重要组成部分,对企业其他群体的行为产生着重要的影响。因此,在行为文化的建设过程中,企业家应该成为先进文化的积极倡导者和模范实践者,起到率先垂范的作用。

在企业的行为文化建设中,企业家起到的作用如下:

(1)企业家是企业文化的倡导者。企业家作为企业组织的核心人物,须扮演宣传鼓动家的角色,不仅需要维护企业价值观,还需积极强调企业价值观。

(2)企业家是企业文化的培育者。企业家在培育企业文化时,一般充当着“医生”的角色,从问题入手,因地制宜地推进企业文化建设。海尔的企业文化是从砸冰箱开始的,张瑞敏用砸冰箱的方式让企业员工知道质量是企业的生命,砸冰箱事件强烈地震撼了员工,也因此成为海尔成长的契机,从改善产品质量到全面质量管理,通过不断深入的企业变革,来实现企业价值理念和员工价值理念的融合。海尔不断变革、不断创新的历程,就是海尔个性的企业文化形成的过程。

（3）企业家是企业文化方案的设计者。企业文化建设是一个系统工程，企业家在其中萌发构思、提炼升华、形成方案，起着企业文化建设总设计师的作用。

（4）企业家是企业文化的身体力行者。在实施企业文化中会遇到很多困难，所有这些都需要企业家在积极倡导、培训的同时，身体力行，率先垂范。

（5）企业家是企业文化转换和更新的推动者。企业家是企业文化的缔造者，没有优秀的企业家就不可能创造出优秀的企业文化；企业文化是企业家德才水平、创新精神、事业心和责任感的综合体。"没有规矩，不成方圆"，但凡成气候的企业家，往往有能力给自己的企业打下深刻的烙印。任正非之于华为，乔布斯之于苹果公司，松下幸之助之于松下电气，斯隆之于通用汽车，福特之于福特汽车，盖茨之于微软，莫不如此。在这类企业中，企业家个人的价值追求、人生目标、行为准则，都会给企业的各个发展阶段留下印记，并且根据发展中的成败得失，不断有所调整，最终使企业不断向前。

企业文化主要是由企业家导向的，它深深烙上了企业家的个性、志趣情操、精神状态、思维方式和目标追求。企业家的灵魂之光决定企业文化的健康与优化的程度，决定了员工对企业的信心程度，也决定了企业在未来竞争中的胜负。有什么样的企业家，就有什么样的企业和什么样的企业文化。企业家是企业文化的设计者、倡导者、推动者、弘扬者，是企业文化的旗手。

企业家既是企业生存发展的核心人物，也是企业文化建设的核心人物。企业之间的竞争归根结底就是人才的竞争。谁拥有高素质、高创新的企业家群体，谁就能在市场经济竞争中立于不败之地。

案例分析 4-1　我的成功是别人不再需要我

2013 年 1 月 1 日，王石出了一本书，书名为《王石说：我的成功是别人不再需要我》。从书名中我们能"意会"出三层意思：①当年万科是需要王石的；②现在万科已经不再需要王石了；③王石把"不再需要"视为其个人成功的标志。

王石当年也是事无巨细，亲力亲为。从"没了我地球就不转"的得意，进化到"没了我地球照样转"的自豪，他曾经历过一个痛苦的"革命过程"。他辞去总经理职务后的第二天，还像往常一样去公司上班。到了办公室后觉得特别冷清，感觉不对劲，问了秘书，得知大家都在开总经理办公会议，王石才意识到自己已经不是总经理了。大家在开会的那段时间里，王石"在办公室踱来踱去、抓耳挠腮，竟不知该做什么好"。据王石自己回忆，他当时有冲进会议室去的强烈冲动。但考虑这可能不利于新任总经理今后独立自主地开展工作，费了九牛二虎之力，才算把自己给摁住了。"那种感觉就好像前一天还意气风发、指点江山，第二天就让你挂着个拐棍去公园里散步，拿些老照片追忆似水年华，顺便思考思考人生。"对于当时还只有 48 岁，年富力强、意气风发的王石来说，这就好比"将驰骋的野兽关进了笼子"。

王石在不适应的状态中度过了三天，难受异常。到了第四天，总经理说要前来汇报那天的会议，王石"扬眉吐气"的机会终于来了。总经理说要报告七个要点，而他刚说到第三点时，王石便将他打断，把四至七点反过来给他讲了。总经理当时目瞪口呆，既惊讶又困惑，问王石"是否去偷听了"他主持的首次总经理办公会议。王石这下"可把成就感找回来了"：不参加会议都知道会上讲的是什么，还能毫不犹豫地指出哪些方面有问题，这情形让他顿时"情绪高昂起来了"。于是，到了第二次总经理来汇报的时候，王石如法炮制，没容他说完第三点，王石就自己说了接下来的几点以及相应存在的问题。这样，到第三次总经理再来办公室向他汇报时，总经理的眼睛不再放光，整个状态也不对了。

还好王石是位敏感的"明白人"，他"知道有问题了，而且这个问题还出在我的身上"——不小心做了"垂帘听政的太上皇"。王石之后一直反思：既然自己是真心把权力交出去的，为什么还老不放心？刚开始当家，总经理和他的团队肯定会犯些错误，但自己也是从不断的犯错误中成长起来的，为什么就不能允许他们犯错误？"如果还不等他们思考，我就直接指出问题，他们就不会再去花心思、动脑筋；如果我在最初就对问题给予纠正，他们就不会意识到后果的严重性，也不可能有进步。"

在这个问题上，一旦想通了，王石立刻出手不凡：为了切实有效地"与管理层疏离"，他开始"不务正业"，并"彻月不归"：先是爬高山、走大漠，后又骑车、航海、驾驶滑翔机，一发而不可收。再后来，出乎几乎所有人的意料，他竟变得"彻年不归"了。他把自己"转型"为一名普通的访问学者，干脆常驻哈佛，在校园里潜心研究西方的经济和文化了。两年之后，王石又去了剑桥，按照他的计划，之后还要去以色列！如此，在时间和空间上，王石"极端、彻底"地断了自己"手痒""嘴痒"，越俎代庖的后路，为自己在万科日常经营管理中"不再被需要"创造了既充分又必要的条件。

替代王石在万科"坐镇指挥"的，其实关键还不是郁亮团队，而是一整套规章、制度和流程。在万科，"法治"重于"人治""制度大于老板"。王石在该书中，用了相当的篇幅，专门阐述了"现代企业一定是制度化的"，并强调"制度是个不讲权谋的铁腕硬汉"。

【点评】

从一定意义上说，为万科制定了一整套制度并培养了万科人的规则意识和相应的企业文化，是王石对万科的最大贡献。同时，这也是在王石彻底离去之后万科有可能"基业长青"的基本保证。

王石的成功因为主要靠制度、靠团队，因而是有可复制性的。然而，"中国式老板"要在没有人拿着手枪逼你的情况下，自愿交权，绝非易事，更不用说像王石那样把自己一步步逼出局了。值得欣慰的是，有些企业家已经意识到不该做"中国式老板"了，有些人已经走上了王石曾经走过的路。"与总经理分工明确，不该我管的事，坚决不做、不看、不问"。

（二）企业模范人物行为

在具有优秀企业文化的企业中，最受人尊重的是那些集中体现了企业价值观的企业模范人物。企业模范人物是企业的中坚力量，他们的行为在整个企业行为中占有重要地位。这些模范人物使企业价值观"人格化"，他们是企业员工学习的榜样，他们的行为常常被作为企业员工仿效的典范。

1．企业模范人物的作用

（1）榜样作用，模范人物具有时代特点，他们的优秀品德、模范言行，感染人、教育人，容易在员工中产生共鸣，成为效法的榜样。

（2）导向作用，模范人物的思想品德、先进事迹和奉献精神，能引导广大员工的言行，并使他们朝着企业目标去努力奋斗。

（3）聚合作用，模范人物产生于群众之中，他们的理想、信念、言行和追求，具有广泛的群众基础和独特的魅力，易为员工所认同和敬佩，进而促使整个组织同心同德，聚合成整体力量。

（4）协调作用，模范人物以自身优秀品德和群众威信，在解决企业内部各类矛盾中，起着积极公正的协调和缓解作用，这是企业行政与管理部门无法起到的作用。

（5）创新作用，模范人物一般均具有先进文化，勇于创新。因此，由于他们的开拓创新精神，将带动整个企业创造发明之风的开展。实践证明许多企业的新技术新产品，大多是先进人物的创新。

2．企业模范人物的塑造

企业应该努力发掘各个岗位上的模范人物，大力弘扬和表彰他们的先进事迹，将他们的行为"规范化"，将他们的故事"理念化"，使企业所倡导的核心价值观和企业精神得以"形象化"，从而在企业内部培养起积极健康的文化氛围，以激励全体员工的思想和行动，规范他们的行为方式和行为习惯，使员工能够顺利完成从"心的一致"到"行的一致"的转变。具体要做到：

（1）善于发现培养先进典型。群众是真正的英雄，任何企业都有先进人物，要通过调研、总结、考评，将一批实践中有成就、有发明、有贡献的员工评选出来，大张旗鼓地宣传他们的事迹，总结他们的经验，并进一步进行重点培养与指导，让其更具有先进性、代表性。

（2）重视先进典型的真实性、先进性与群众基础。先进典型要生活工作在群众之中，受到群众的真诚拥戴，才能发挥其导向与示范作用，否则是没有生命力的。

（3）树立先进典型要注意区分层次与类型。要区分其代表的范围和群体，使广大员工学习有目标、有典型，能对号入座，这样才能真正发挥典型的示范引导作用。

（4）要将先进典型的事迹，通过各种形式，利用会议、广报、电视、广播等工具，广为宣传。开展群众性交流与学习活动，激励更多员工去追求成就感、荣誉感，推动先进人物的事迹向深度广度进一步扩大与发展。

（5）先进典型的树立、宣传与发展是一个动态过程，一些先进人物会更先进，有些将会逐步退出，而且随着企业发展和企业文化建设加强，将会涌现出高水平、高素质的新典型、新英雄，持续推动企业的创新与发展。

案例讨论 4-2　3M 公司的技术主管理查德 A.德鲁

理查德 A.德鲁是一位从五弦琴学院退学的学生，20 世纪 20 年代，他在 3M 公司的研究实验室工作时，答应帮助同事解决胶带方面的问题。不久以后，杜邦公司推出了玻璃纸（cellophane），德鲁觉得他可以比杜邦公司做得更好，于是在玻璃纸上涂了一层无色的黏合剂，以把东西粘在一起。透明胶带就这样诞生了。按照 3M 公司的传统，德鲁自己管理着这项发明的开发和最初的生产，并不断得到升迁，最终成为公司的技术主任。他的事例让其他员工明白，在 3M 公司怎样做会取得成功。

【思考】

理查德 A.德鲁如何在职场上取得成功？

（三）企业员工行为

企业员工是企业主体，企业员工的群体行为，决定着企业整体的精神风貌和企业文明的程度。因此，企业员工是企业行为文化建设的基本力量。只有当企业所倡导的价值观、行为准则普遍为员工群体所认同和接受，并自觉遵守、实践时，才能形成企业行为文化。企业员工群体行为即是指各类员工的岗位工作表现和作风、非正式企业活动和业余活动等。企业员工群体行为对企业行为文化的重要性体现在：

（1）企业员工是企业行为文化的创造者。企业员工身处生产经营的第一线，他们在用自己勤劳的双手创造物质文明的同时，也在用自己的智慧创造着精神文明。企业行为文化既体现着企业家的智慧，更体现着员工的智慧。正是靠着他们的聪明才智，不断丰富着企业行为文化的内容，推动着企业行为文化的革新与进步。企业行为文化源于企业生产经营实践，源于员工在生产经营事件中产生的群体意识。

（2）企业员工是企业行为文化的实践者。员工不仅是企业行为文化的创造者，也是企业行为文化的"载体"，是企业行为文化的承载者和实践者。在企业行为文化由精神向行为和物质转化的过程中，员工是主要的实践者，必须依靠他们在工作和生活中积极实践企业所倡导的主流文化。从这个角度看，企业行为文化建设过程就是在企业家的引导下，员工积极认同、自觉实践的过程。员工实践的好坏，直接决定了企业行为文化建设成果的优劣。

从上述企业行为文化的创造和实践两个环节来看，企业员工都起着关键性的作用。人创造文化，文化也改造人。员工创造并实践企业文化，企业文化作为员工成长和发展最重要的环境，反过来也改造并提高了员工的思想素质、道德素质和文化素质。企业行为文化与员工素质在相互推动中共同得到提高。

案例分析 4-2　加多宝的商标争夺战

在与王老吉的商标争夺战中，加多宝集团输了商标，赢了市场。外界普遍认为这是加多宝营销策略的成功，但是外界所不知道的是，在这场商标争夺战中，加多宝通过危机不仅成功树立了一个新的凉茶品牌，同时也成功打造出了公司的企业文化。

2012年度最火的综艺节目是什么？毫无疑问，是中国好声音。

"正宗好凉茶正宗好声音欢迎收看由凉茶领导品牌加多宝为您冠名的加多宝凉茶中国好声音……"主持人华少的这一分钟"贯口"，以47秒说完350个字的广告词，不仅引发了公众挑战最快语速的热潮，也使得广告词中提到的公司，更加让人耳熟能详。2012年度营销做得最好的公司无疑是独家冠名中国好声音的加多宝了。因为在这之前几乎没有人知道加多宝是干什么的，人们只知道王老吉。

2012年5月12日，王老吉商标使用权被广药集团夺回，加多宝面临生死抉择。就当时的市场经验来说，没有哪家企业有过类似的案例，加多宝遭遇的这场商标争夺战可以说是一场惊心动魄的商海战役。

面对突然出现的品牌转换危机，加多宝人力资源部紧密配合公司策略，在第一时间向员工传达来自公司高层的期望与信心，传达公司战略调整的方向和目标，同时迅速启动《红色力量，我们在行动》的主题活动，策划了包括"每天影响一个人""红色宣传""红色行销"、"红色创意"等一系列行动方案。这些行动从信心提振、信息分享、激发创意、鼓励优秀等各方面，充分调动员工热情、激发信念、凝聚力量、鼓舞士气，使每一位员工都能够深度参与品牌转换，真正成为加多宝品牌的塑造者。《红色力量，我们在行动》的主题活动使加多宝人在极短时间内凝聚起来，高度团结，展现了强烈的自我驱动和深度的全员参与，从而配合积极精准的市场策略，共同导演了一场绝地反击式的胜利：

公司所有员工的即时通信工具头像统一更换成加多宝红罐凉茶；

以前加多宝的员工去餐厅吃饭都会自带饮料，但从那一刻开始，员工去餐厅吃饭都会主动向服务员强调要"加多宝"；

有不少员工在打出租车的时候会主动送加多宝给司机，并告知凉茶换标了；

有记者采访加多宝换标事件，发现杭州街头的加多宝促销人员不停地从便利店里购买加多宝赠送路人。最后通过对加多宝很多一线员工的采访后，发表了一篇题为《加多宝，你的员工说，会和你在一起》的文章。加多宝的老板看到这篇文章的时候，哭了。

【点评】

我们可以从加多宝的案例中看到的是，建立处在一种危机状态下的全民营销文化。

礼仪与庆典：文化在行动。价值信念通常是看不见摸不着的，难以准确把握，而那些不断被重复的活动，即是仪式，是一个群体体现价值信念的重要方式。在加多宝的这次主题行动中，所有员工的即时通信工具更换统一的标识，这在一定程度上就是一种仪式，这仪式表明大家上下一心，准备坚决打赢这场战役。同时，每个人坚持每天影响一个人，这也是一种仪式。

故事：文化的口述史。故事承载着文化价值观，讲故事是日常工作生活的一部分，而故事是非常容易被传播的。在加多宝的这次危机应对中，流传了很多故事，如餐厅点饮料的故事，给出租车司机送饮料的故事等。

英雄人物，榜样的力量是无穷的。所有的故事也都是把员工、管理者或者经营者提升成为文化中的核心，把他们作为角色榜样或者活生生的公司标识，通过他们的言辞和行为来表现公司热切的理想。在加多宝的案例中，街头促销人员和公司老板都被当作文化中的英雄人物加以提炼。

第三节　企业行为文化建设

一、企业行为文化建设的意义

优秀的企业文化对全体成员都有着明显的导向、激励和约束作用。例如，在国内挂牌从事培训和咨询业务的大小企业多达十万余家，深圳的聚成资讯集团之所以能在创业后短短 7 年内成长为行业领头羊，就与其倡导的"学校·军队·家庭"文化理念密切相关，但凡参加过聚成课堂的讲师或学员无不被其强烈的气氛所震撼。

员工正确的思想观念、处事方式和行为习惯不是天生的，更多的是企业管理贡献者于后天培养。人的一生就是一个不断改变思想观念、思维方式和行为方式的过程。在企业里，正是通过企业文化来塑造员工的行为，最终才能使员工成为符合企业发展的优秀人才，自觉自愿地为企业发展做出最大的贡献。而企业行为文化建设在企业文化建设中的重要性在于：

（1）行为文化是企业文化的重要载体。没有行为文化，企业文化就无法实现。人作为企业的构成主体，其行为当然蕴含着丰富的企业文化信息，是企业文化的重要载体和最真实表现。

（2）行为文化建设是企业文化落地的关键环节。没有行为文化，理念和制度都是空谈。在企业文化构成的层次关系中，理念是企业文化的核心、是指导一切的思想源泉；制度是理念的延伸，对行为产生直接的规范和约束力；物质是人能看到、听到、接触到的企业具象的表现形式，但是这三个层次都是通过行为来表现和实现的。

（3）行为文化建设是实现价值观管理的必经之路。行为规范不是制度，而是倡导。制度是硬性的，而行为规范会根据不同的行为主体、不同的对象采取不同的手段。如企业制度不会写主管应当用什么样的态度与下属谈话，行为规范就可以写出来。行为文化就是通过文字规范进行约束，慢慢变成员工的习惯，不符合企业核心价值观的行为会被行为文化无形的力量纠正，不认可这种规范的人会被企业排斥。行为背后，是企业文化对员工的影响，是员工对企业价值观的认同。当员工完全接受企业的核心价值观后，制度约束的行为就变成了员工的自觉行为，从而使企业实现由制度管理向价值观管理的转变。

二、如何建设企业行为文化体系

构建企业行为文化体系可分为以下几个步骤：从构建先进文化理念入手，进而确立行为准则，构建科学的行为模式，制定完善的行为规范，形成完善的保障制度，并辅以典型示范和行为强化，从而达到导向明确、行为规范、活力迸发、形象优良的效果。

（一）构建价值理念体系，利用先进理念引导行为

员工的价值观念是行为文化的核心内容，价值观念支配人的行为，决定着企业人的思维方式和行为方式。因此，构建行为文化体系的首要任务是从观念层面解决问题，形成正确的导向，并使这种思想观念得到全体员工的认知和认同。

企业文化建设的核心工作之一就是构建企业文化理念体系。先进的理念往往具有强大的牵引力、激励力和凝聚力，能够引导员工行为。当企业提炼出企业文化理念之后，企业往往还需要通过一系列的活动来宣传这些文化理念，进而通过这些理念来引导员工行为。

除此之外，要想使员工的这些行为深深扎根，还需要辅以必要的培训。企业对文化理念的培训和宣传应立足于员工的日常行为，用理念引导行为，用行为诠释理念，以避免员工听时感慨激昂，回到工作岗位时依然我行我素的空洞抽象式的培训。理念宣传的形式要务求丰富多彩，确保理念故事化、理念人格化、理念形象化。

（二）领导者率先垂范，引领员工行为

企业文化对员工行为的影响是自上而下的，企业的最高决策者往往就是企业的精神领袖，其行为风格直接对员工的行为和认知产生影响。美国学者约翰·科特和詹姆斯·赫斯克特认为，企业文化是指一个企业中各个部门，至少是企业高层管理者们所共同拥有的那些企业价值观念和经营实践。中国古代所谓"上行下效""楚王爱细腰，宫中多饿死"的说法也同样说明了这一问题。

（三）以行为规范化为重点，培养良好的行为习惯

企业和企业人的行为承载着企业文化，通过企业和企业人行为使抽象的企业文化得以外显和具体化。企业人的一举一动都代表着企业形象，彰显着企业文化的内涵。因此，企业可以以价值观为指导，确立企业和企业人开展各项活动的行为准则，并将所提倡的行为制作成企业行为规范体系并在企业中推行，以规范化的行为要求来指引不同岗位员工的行为，进而达到规范员工行为的目的。一般来讲，行为规范体系包含企业整体行为规范、企业道德行为规范、高层领导行为规范、中层管理人员行为规范、基层员工行为规范和礼仪规范等。

通常而言，员工对行为文化有一个由认知到认同再到自觉实践，由不自觉到自觉、不习惯到习惯的过程。在这个过程中，价值理念是内在约束，具有柔性的自律的特性，行为规范则是外在约束，具有刚性的他律的特性，二者相辅相成。行为规范是观念、行为、习惯产生的土壤。实践也证明，一套合理有效的规范，能够造就人、改造人。没有行为规范，行为文化只能是空中楼阁。因此，在加强观念引导的同时，必须建立一整套规范来支撑价值理念体系，并起到约束行为的作用，使企业人明确知道自己该做什么，不该做什么，使他们的行为活动自觉符合企业的价值取向，通过把行为准则变为有形的、具体的、可操作的行为规范，从而构建起完整的行为规范体系。

另外，在构建起行为规范体系的基础上，还要通过教育引导使行为规范深入人心，使企业人的一言一行都自觉维护企业形象，符合社会文明进步的要求和彰显时代特征；同时要通过加强监督检查，促进规范的严格执行，使大家的行为强制入轨，高标准、严要求，提高工作效能，帮助大家逐步养成良好的行为习惯。

（四）以制度强化为保障来塑造行为文化建设的环境

企业管理中制度与文化一体两面，在塑造员工行为的过程中缺一不可。制度强化是一种约束性规定，是一种形式或程序，具有根本性、长期性和稳定性。制度作为文化建设和传播的重要工具，最根本的原因是制度刚性的，文化本身则是软性的，是没有强制力的。因此，企业需要通过建立和完善相关制度，构建既有激励又有约束的良好机制，以企业文化引导制度创新，使企业文化建设拥有更加丰厚的土壤；又用制度的强制性来保证企业文化在生产经营过程中和员工行为上落实，二者在相互促进中使员工的行为得以正确有效塑造。以西门子为例，在上百个国家和地区有分支机构，全球拥有超过40万名员工，面对这样庞大的规模，德国总部怎样实施领导和管理？答案是依靠管理体系和运行工具。成功的企业得以良好地运转，一是靠管理制度的有效实施，二是靠企业文化发挥潜移默化的作用。因此，管理制度和企业文化相辅相成，在企业的成长中共同发挥重要作用。

（五）设计并推广企业行为文化的标准模式

企业行为的设计必须结合企业运营实际，围绕企业所倡导的价值观或企业精神来进行。设计并推广企业行为文化的标准模式，一方面可以规范工作行为及工作流程，另一方面还能提升员工的整体形象。

（六）树立不同岗位优秀模范典型，以榜样的力量引导员工行为

在我们建设企业行为文化的同时也要充分重视榜样的作用。在企业不同岗位树立起优秀的典型模范，通过对模范事迹的宣传来激励员工、感染员工，推动员工行为的改善，促进企业行为文化的提高。"向雷锋同志学习"的口号曾经唱响在我们心中，他用自己的真诚行动感染着社会上的每一个人，将爱的帮助不断传递；王进喜为发展祖国的石油事业日夜操劳，无私奉献，在创造了巨大物质财富的同时，还给我们留下了宝贵的精神财富——铁人精神。铁人精神就是"爱国、创业、求实、奉献"大庆精神的典型化体现和人格化浓缩。生活中同样有很多这样的典型模范，他们用自己的行动影响着身边的每一个人，推动着人们行为不断地改善。

企业行为文化是企业的宝贵精神财富。培育良好的企业行为文化，可以做到信息灵敏、决策精明、团结融洽、配合默契、效率快捷；可以克服官僚主义、拖拉疲沓、扯皮掣肘等弊端；可以在企业成员中造成强大的凝聚力和创业的动力。

本 章 小 结

本章主要围绕企业行为文化的相关知识，设置各节的知识目标，内容具体涵盖：企业行为文化的内涵，企业行为文化的内容，企业行为文化的构建等。

通过本章学习，读者能够扎实地掌握企业行为文化的相关知识并能够熟练地运用。企业文化建设的重点是企业行为文化建设。

同 步 测 试

一、单项选择题

1. 企业在市场竞争中立于不败之地的重要砝码，是加强企业文化的凝心聚力、加快发展的重要途径是（　　）。

    A．企业制度文化建设　　　　　　　　B．企业形象文化建设

    C．企业精神文化建设　　　　　　　　D．企业行为文化建设

2. 企业的行为文化是通过企业人的行为表现出来的。企业人行为不包括（　　）。

    A．企业家行为　　　　　　　　　　　B．企业员工行为

    C．企业顾客行为　　　　　　　　　　D．企业模范人物行为

3. 企业行为文化建设的基本力量是（　　）。

    A．企业员工　　　B．企业模范人物　C．企业家　　　　　　D．企业整体

4. 企业文化落地的关键环节是（　　）。

    A．规范员工的群体行为　　　　　　　B．企业行为文化建设

    C．企业领导鞠躬尽瘁，事必躬亲　　　D．企业模范人物带动

5. 企业文化建设的主旨是（　　）。

    A．以人为本　　　　　　　　　　　　B．加强企业行为文化建设

  C．建立现代企业制度   D．加强企业道德文化建设

6．以下（ ）是企业家最重要的决策。

  A．企业产品创新   B．企业制度建设

  C．企业发展方向   D．企业人力资源管理

7．企业行为文化的内涵不包括（ ）。

  A．行为文化体现并创造着企业文化

  B．企业行为文化丰富了企业文化

  C．行为文化建设是实现企业价值观的必由之路

  D．企业行为文化是企业文化的核心

8．企业的灵魂是（ ）。

  A．企业制度   B．企业家   C．企业模范人物 D．企业文化

二、简答题

1．企业行为文化的定义是什么？

2．企业家的行为在企业行为文化建设中起到的作用是什么？

3．建设企业行为文化的意义是什么？

4．如何构建企业行为文化体系？

三、案例分析题

谷歌的企业文化如何凝聚人气

  好的企业文化一定要能够发挥人才的潜能，而扼杀创造力的第一杀手就是束缚。为了让员工舒心、把爱好变成创造力，谷歌做了几件激发创造力的举措，使企业文化真正做到了行为层上。

1．办公环境亲人化

  谷歌办公楼随处散落着健身设施、按摩椅、台球桌、帐篷等有趣的东西。整个办公空间采用了不同的色调搭配，明亮鲜活。这些都让人感到轻松自在。除此之外，每名新员工都将得到 100 美元，用于装饰办公室，可以在自己的办公室中"恣意妄为"。这才叫"我的地盘我做主"，好的办公环境就是要激发人的效能，只有让人感到舒适，才会产生更好的创意和想法。

2．人员自由流动化

  从创立之初，谷歌就规定管理层不能限制员工在公司内部自由流动，员工可以自由到一个新的部门做自己喜欢的事情。"一个想法有人支持就可以去做"，这种宽松的政策和环境使得谷歌邮件、谷歌地图等深受用户好评的产品诞生成为可能。

3．20%时间私有化

  谷歌允许每位工程师拥有 20%的自由支配时间。这也是谷歌深以为傲的地方，是谷歌员工公认的谷歌一个小秘诀。谷歌的企业文化是鼓励创新，即使每项工程都有计划、有组织地实施，公司还是决定留给每位工程师 20%的私有时间，让他们去做自己认为更重要的事情。许多好项目都源自这 20%的时间。

4．内部沟通扁平化

  谷歌公司人人平等，管理职位更多是强调服务，工程师们受到更多尊敬。每个人距离总裁的层级不超过 3 级。人人不仅可公平享受办公空间，更具备零距离接触高层反馈意见

的机会。每逢周五，谷歌的两位创始人以及首席执行官都会与员工们共进午餐。以倾听员工提出的种种"非分"要求。一般情况下，两位创始人都会满足员工们的要求。

可见，谷歌的文化光芒是人性，充分尊重人性，道法自然，结果自然是会吸引和留住更多人才，创造出最顶尖的技术，持续通过伟大的商业模式获得最高价值收益，持续成为互联网世界最有价值品牌。

（资料来源：http://www.3gus.com/QiYeWenHua/428887.html）

【思考】

1．我们应该怎样缔造完善的企业文化？

2．企业文化的功能？

职 业 实 训

【实训目的】参观至少一家公司，了解其企业行为文化建设，感受企业文化。

【实训要求】在教师指导下，分以下步骤完成实训：

（1）教师阐述参观公司的注意事项。

（2）学生参观公司。

（3）学生向公司人员提问。

（4）公司人员解答。

（5）学生写实训报告（参观体会）。

【实训成果】教师对学生实训结果按以下标准进行评定：①实训报告分析的正确性；②能够准时完成。

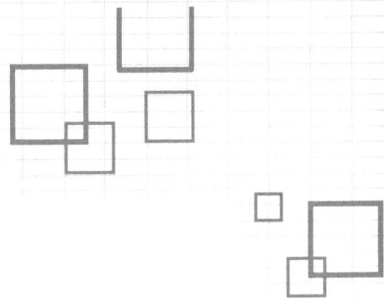

第五章
企业物质文化

学习目标

➲ **知识目标**
1. 了解物质文化的内容、产品文化和品牌文化的联系与区别
2. 掌握企业工作环境设计注意事项、产品文化设计、广告文化的文化因素
3. 理解企业文化视觉传播网络设计内容

➲ **能力目标**
1. 能把握物质、产品及品牌文化的区别
2. 能进行产品文化设计
3. 能实际运用企业文化视觉传播网络设计

导入案例

奔驰公司的品质文化

奔驰公司要求全体员工精细作业，一丝不苟，严把质量关。奔驰车座位的纺织面料所用的羊毛是从新西兰进口的，粗细在 23～25 微米，细的用于高档车，柔软舒适；粗的用于中低档车，结实耐用。纺织时还要加进一定比例的中国真丝和印度羊绒。皮面座位要选上好的公牛皮，从养牛开始就注意预防外伤和寄生虫。

加工鞣制一张 6 平方米的牛皮，能用的不到一半，肚皮太薄、颈皮太皱、腿皮太窄的一律除去，制作染色工艺也十分考究，最后座椅制成后，还要用红外线照射灯把皱纹熨平。奔驰公司有一个 126 亩（1 亩=6660.6 平方米）的试车场，每年拿出 100 辆新车进行破坏性试验，以时速 60 千米的车速撞击坚硬的混凝土厚墙，以检验前座的安全性。

奔驰公司在全世界各大洲设有专门的质量检测中心，有大批质检人员和高性能的检测设备，每年抽查上万辆奔驰车。这些措施使奔驰公司名冠全球，使奔驰公司的品质文化深入人心。

【思考】

奔驰公司的品质文化给其他企业什么启示？

第一节 企业环境与企业容貌

企业环境和企业容貌是企业物质文化的重要组成部分。企业环境主要是指与企业生产相关的各种物质设施、厂房建筑以及职工的生活娱乐设施，一般包括工作环境和生活环境两个部分。企业容貌是企业文化的表征，是体现企业个性化的标志。它包括企业的名称、企业象征物和企业空间结构、布局等。

一、企业环境

（一）工作环境

工作环境主要包括两个部分：一是物理环境，包括视觉环境、温湿环境、嗅觉环境、营销装饰环境等；二是人文环境，主要内容有领导作用、精神风貌、合作氛围、竞争环境等。

企业工作环境的优劣，直接影响企业员工的工作效率和情绪。为企业员工提供良好的工作氛围，是企业重视员工的需要、激励员工的积极性的主要手段。

案例分析5-1 海尔的办公大楼

海尔的办公大楼从外观看是一幢四方形的建筑物，但从大楼里面看则是圆形的，这体现了海尔形象识别标志的内涵。海尔的形象识别标志称为方圆标志，意即"思方行圆"，它是由纵横36个圆形组成的，第一行第一列是个"方块"，其余全是圆点。"方块"放在阵中的排头表示以它为基础向纵深发展，它在这里代表了海尔的思想、理念、文化，是一个中心，指导着周边圆点的组合，体现了"思方行圆"的思想，既表示在工作中要将原则和灵活性有机地结合起来，以达到预定的目标和效果，同时也有"发展无止境"的寓意。海尔办公大楼的外围四周有四根红色的柱子，这是和标志中的红色标准色及圆点相一致的。

【点评】

企业的环境是企业物质文化的表现之一，无论是物理环境（硬环境），还是人文环境（软环境），对企业员工的影响都是很大的，创造舒适安全的环境有利于员工效率的提升。

案例分析5-2 惠普之道

惠普把良好的工作环境看作是留住人才的关键。惠普的管理者认为，良好的办公环境一方面能提高员工的工作效率，另一方面能确保员工的身心健康。惠普倡导"以人为本"的办公设计理念，对办公桌椅是否符合"人性"和"健康"原则进行严格检查，以期最大限度地满足员工的要求。

惠普还在每天上下午设立专门的休息时间，员工可以听音乐来调节身心，或者利用健身房、按摩椅"释放自己"。惠普遵奉这样一个原则："相信任何人都会追求完美，只要给予适合的环境，他们一定能成功。"这就是著名的"惠普之道"。

【点评】

优化工作环境涉及的范围很广，初期可以从照明、色彩、温度、湿度、绿化、音乐等几个方面来实现。

案例讨论 5-1　索尼公司的五间房

索尼公司为了化解员工之间的冲突，设置了五个房间，创造了"五间房熄火法"——就是当员工发生矛盾的时候，闹矛盾的员工需要先后进入五个房间：

第一个，"哈哈镜房间"。满脸怒容的员工进入后，先照哈哈镜，看到哈哈镜中扭曲变形而又怪模怪样的自己，他们会忍不住笑起来。一笑解千愁，在笑声中他们自然消了些气，脸色开始有所缓和。

第二个，"傲慢像房间"。这里面有一个橡皮造的塑像斜眼看着进入房间的人，表示蔑视。这时工作人员让闹矛盾的员工拿橡皮榔头去打那个傲慢像，尽情宣泄还未消尽的怒气，以达到心理平衡。

第三个，"弹力球房间"。这个房间的墙上绑着一个球，连着强力橡皮筋。工作人员先让闹矛盾的员工使劲拉开球后放开，球打在墙上马上反弹回来，击中闹矛盾者自己的身体，然后告诉闹矛盾者，这叫"牛顿定律"，有作用力就有反作用力：你去惹人家，人家就会报复你。

第四个，"劳资、劳工关系展览房间"。让闹矛盾的员工认真观看过去管理者怎样关心员工以及员工之间怎样互相友爱的实例，以加强对闹矛盾的员工心理的触动，引导他们反思自己的言行。

第五个，"思想恳谈房间"。管理人员征求闹矛盾的员工双方的意见，看矛盾如何解决。经历了前四个房间的员工，这时大多都已经冷静下来，双方一般情况下自然会主动解决矛盾，心平气和地接受批评和自我批评。妥善地解决了员工之间的矛盾后，管理人员还要勉励一番，并给予物质奖励。

【思考】

索尼公司的五间房给我们什么启示？

（二）生活环境

企业的生活环境包括员工的居住、休息、娱乐等客观条件和配套的服务设施，员工本身及其子女的学习条件。例如：员工公寓有独立卫生间，配备电风扇或空调；文化娱乐场所齐全，有图书室、健身室等；为员工办理社保，建有员工医疗室等。

案例分析 5-3　宝洁：平衡员工工作与生活

下午三点，如果手头没有要紧的事，玛丽娜通常会到楼下的 Fruit Station（水果吧）喝一杯酸奶，稍事休整。这位入职仅 7 个月的宝洁对外事务部高级经理，显然已经很享受在宝洁的生活。

作为各种"最佳雇主"榜单上的常客，宝洁不计成本的内部培养制度已经被业界传为佳话。而据玛丽娜介绍，宝洁大中华区人力资源部总经理会田秀和推出了一系列的措施来保证员工工作和生活的平衡，水果吧的设立只是其中的一项。

宝洁推行一项叫作"Better Work Better Life"（更好地工作，更好地生活）的活动。

比如公司除了水果吧，还有配备了专业按摩师的按摩室，员工在工作的时间如果觉得累了就可以来按摩，费用相当低。宝洁的工作时间是相当有弹性的，员工可以在早上七点半到十点半之间任意选择上班时间，只要能确保每天工作八小时就行了。宝洁的一些部门还试行"work at home"（在家办公）——员工在工作性质允许的前提下每周可以自行选择一天在家办公。

宝洁所致力的，是给员工最大的自由度和空间，使他们的工作状态达到顶峰。宝洁不会在意员工在工作时间内是否花了十分钟小休或者二十分钟去做按摩，其关心的是工作结果。如果能达到工作结果，宝洁可以给员工在时间和地点方面很多自由。

【点评】

管理大师汉迪曾预言："未来，组织若想保有个人的奉献精神与创意，给予个人的自由必须超过公司乐意给予的程度，并且要在公司的控制与个人追求自主的压力之间，找寻有利的平衡点。"现在，这个预言正在变为现实。宝洁将平衡提上整个公司的日程，无疑是一场意义深远的变革。

二、企业容貌

（一）企业名称

现代企业很注重通过宣传、推广企业的名称来树立企业形象，开拓市场。企业名称一般由专用名称和通用名称两部分构成。前者用来区别同类企业，后者用来说明企业的行业或产品归属。

企业名称可以由国别、地名、人名、品名、产品功效等形式来命名。在企业识别要素中，首先要考虑的是企业名称。名称不仅是一个称呼、一个符号，而且体现了企业在公众中的形象。企业的命名除上述考虑因素外，还应考虑艺术性，应当尽可能运用寓意、象征等艺术手法。

（二）企业象征物

企业象征物是一种反映企业文化的人工制作物。它可以制成动物、植物或其他造型，一般矗立在企业中最醒目的地方，如厂门、礼堂，或大堂进门处。

（三）企业布局

企业布局是指企业的内外空间设计，包括厂容厂貌、商店橱窗和内部装饰等。一个企业的厂容厂貌、绿化、厂房造型、各车间的布局、各种交通布局等，都应给人舒适的感觉。商店橱窗，应以商品为主体，以布景、道具、背景为依托，并配合灯光、色彩和文字说明；在进行商品介绍的同时，应注意艺术性和实用性的统一。商店橱窗是商业企业形象的重要组成部分，它不仅只是一种广告手段，还是该企业精神面貌的一个折射，企业通过橱窗来缩短商品与顾客、商店与顾客的距离。国外企业十分重视商店橱窗的设计，精明的老板在展示颇具艺术气氛的橱窗的同时，还常常运用声光色等综合艺术效果来烘托商品，加强情感效果。

第二节　企业产品文化

引导案例

　　日本东京有一家咖啡馆，每杯咖啡要价是 5 000 日元（约合 300 元人民币），价格贵得不可思议。了解内情的人却并不觉得价格高昂：第一，该店使用的咖啡是从巴西进口的最上乘的咖啡豆，经特殊加工，再由一流的咖啡师配制而成；第二，其所使用的咖啡杯是从法国进口的，每套价格为 4 000 日元，喝完了可以带走；第三，咖啡馆的布置极为高雅、豪华，顾客在这里可以得到帝王一般的享受。知道了这些情况和享受了这种服务之后，你能说这杯咖啡太贵了吗？

　　【思考】
　　结合案例体会产品文化的含义。

一、企业产品文化的定义和内涵

（一）企业产品文化的定义

　　企业产品文化是指以企业生产的产品为载体，反映企业物质及精神追求的各种文化要素的总和，是产品价值、使用价值和文化附加值的统一，又是一类消费者群体在某段时期内对某种产品所蕴含的特有个性的定位。企业产品文化是某一类产品固有的，是和产品的产生发展历史、当地地域和消费文化有关的文化。企业产品文化主要内容包括三层：一是指人们对产品的理解和产品的整体形象；二是与产品文化直接相关的产品质量与质量意识；三是指产品设计中的文化因素。

（二）产品文化和品牌文化的联系与区别

　　品牌文化是在一个产品类型之下由产品文化和企业文化共同作用产生的。品牌文化是指品牌本身的文化，而产品文化则是指与产品特性相关的文化。举例来说，一家丝绸企业，对丝绸文化的挖掘和建设，就是在做丝绸产品本身的文化建设。而香格里拉饭店进行香格里拉传说故事的挖掘、丰富和传播，就是在做香格里拉这个品牌本身的文化建设。

　　从两者的差异来看，产品文化很容易被竞争对手仿效，而品牌本身的文化则为企业所固有，竞争对手很难利用和模仿。同时，只要你的品牌进行了规范的商标注册，那么品牌就将受到法律的保护，品牌文化也就受到了保护。

　　另外，产品的价值是由品牌价值和产品本身价值组成的，产品本身的价值是固定的，而只有品牌价值才是真正的附加值。品牌价值中的品牌文化和产品文化，品牌文化占据更大的比重。

二、产品的整体形象

　　当消费者接触产品时，首先打动消费者的就是产品的整体形象。产品的整体形象是产品在设计、开发、研制、流通、使用中形成的统一的形象特质，是产品内在的品质形象与产品外在的视觉形象形成统一性的结果。产品的整体形象包括三个部分：

（一）产品的品质形象

就产品的品质形象而言，它是通过产品的内在质量反映到外在的企业形象上，如德国的奔驰车，给人更多的是对德国产品的制造技术、产品性能，以及严格的质量管理体系的联想，形成"车—奔驰—技术—品质—德国"的联想。产品的品质形象涉及产品的设计水平与设计管理，在产品的功能、材料、加工工艺、制作方法、设备条件以及人员素质等方面都要有严格的管理。

（二）产品的视觉形象

产品的视觉形象是以视觉化的设计要素为中心，塑造独特的形象个性，以供消费者及社会大众识别和认同。产品的视觉形象以企业的标志、图形、字体、标志色彩及其组合和使用规范为基础要素，应用到产品视觉设计要素的各个环节上，包括产品的外观造型、包装、服务、促销媒介、产品的展示等。

案例讨论 5-2　福特 T 型车的命运

1908 年，亨利·福特成功推出 T 型车。这种廉价小汽车外观看起来有些笨，但轻巧又坚固，因此很快就风靡全美，成了国家的象征物。T 型车也成为福特一生最大胆、最有创造力的设计形象。但随着社会的进步，特别是汽车工业的发展，T 型车日益落伍。到 1925 年，已经没有人买这种车了。福特坚持己见，不予更换和改进，从而把公司推向一个危险的境地。后来在儿子的说服下，福特终于妥协，放弃了 T 型车。但他始终不明白为什么顾客会抛弃 T 型车，转而购买通用雪佛兰的车子。他曾对一位部下说："T 型车什么都好，唯一的缺点是人们不再买它了。"当 T 型车的整体形象适应了那个时代人们的需求时，它就成为畅销物；当消费者的眼光改变，需要漂亮、舒适、高性能的汽车时，T 型车便被无情地抛弃了。

资料来源：[美]亨利·福特：《亨利·福特财富笔记》，贾雪，译，

北京，金城出版社，2008。

【思考】

福特 T 型车的命运说明了什么？

（三）产品形象（PI）手册

PI 手册是产品形象设计的最后阶段，综合了产品形象的全部开发项目，并将其整理成册，予以视觉化、系统化、规范化，适合在任何时间、环境、地点操作使用和查阅。

产品整体形象是向消费者展示产品内在品质与企业信息的最佳契机和最佳窗口，对树立企业品牌、塑造企业形象、宣传企业文化都是必不可缺的。在对产品不断接触和使用中，产品整体形象让人们逐步接受了其中传达的企业信息和品牌信息，帮助公众认可企业形象、树立产品的品质形象。

三、产品质量文化

（一）质量文化的含义

质量文化就是企业在长期生产经营实践中，由企业管理层特别是主要领导倡导、职工

普遍认同的逐步形成并相对固化的群体质量意识、质量价值观、质量方针、质量目标、采标原则、检测手段、检验方法、质量奖惩制度的总和。

（二）质量文化的构成

企业质量文化由四个部分构成：

1．质量物质文化

它指的是产品和服务的外在表现，包括质量工作，产品加工技术，设备能力，资产的数量、质量与结构，科学与技术水平，人力资源状况等。

2．质量行为文化

它包括质量管理活动、宣传教育活动、员工人际关系活动等中产生的文化现象。从企业员工的结构看，包括领导干部的领导行为文化、企业员工的群体行为文化，质量队伍的专业行为文化等。

3．质量制度文化

它是约束员工质量行为的规范文件，包括质量领导体制、质量组织机构、质量保证体系、质量奖励与管理制度等。

4．质量精神文化

它是质量文化的核心文化，包括质量文化理念、质量价格观、质量道德观、质量行为准则等。

案例讨论 5-3　海尔质量文化

海尔质量文化的组成部分

1．大质量理论

在海尔的质量文化体系中，"质量"不仅指实物产品的质量，也指无形产品——服务产品的质量。海尔重视产品的质量，更重视服务的质量，提出了"零距离服务"的理念；不仅包括狭义的质量——达到检验标准，还包括广义的质量——使用户的满意，海尔人称之为"大质量"。

2．OEC 管理模式

O 代表 Overall（全方位），E 代表 Everyone（每人）、Everything（每事）、Everyday（每天），C 代表 Control（控制）、Clear（清理）。OEC 的汉语意思是每天的工作每天完成、清理，并且每天都要有提高。海尔人将其提炼为"日事日毕，日清日高"八个字，可谓简洁的语言，深刻的内涵。

海尔的 OEC 管理模式是对全面质量管理的发展和提升，标志着海尔的质量管理已走在世界前列，也标志着海尔质量文化体系的形成。

【思考】

海尔质量文化的案例给我们什么启示？

四、品牌文化

客户购买产品，不仅是选择产品的品质和功效，更要注重品牌的文化品位。优秀的品牌无不蕴含着丰富的文化内涵，品牌文化赋予消费者情感体验，也造就了品牌的价值。

（一）品牌文化的内涵

品牌文化是社会物质财富和精神财富在品牌中的凝聚，是文化特质在品牌中的沉积，是消费心理和价值取向的高度融合，是品牌经营中的一切文化现象。品牌文化分布与品牌的各个层面，如科学技术、道德规范、宗教信仰、风俗习惯、文学艺术、利益认识、情感归属等，都丰富和深化着品牌内涵。人们透过品牌的经济现象，可以解读其中的文化意蕴。

品牌文化由品牌物质文化和品牌精神文化两部分构成，二者分别代表了品牌的有形资产和无形资产。品牌物质文化是品牌精神文化的基础和前提，它决定着品牌精神文化的性质和方向；品牌精神文化是从品牌物质文化中派生出来的，它依附于品牌物质文化。有品牌便有品牌文化，有品牌文化便有品牌物质文化和品牌精神文化的统一，每个品牌都是如此。

（二）品牌文化的意义

1. 品牌文化意味着品牌的个性差异

任何一个强势品牌势必有一个清晰而丰富的品牌识别——品牌个性。品牌个性是品牌独特的身份与标志，是品牌与众不同的价值所在。有个性的品牌才会有竞争力，个性越鲜明，竞争力就越强，在消费者心中留下的印象就越深刻。而对品牌个性的最好投资，是用力塑造品牌文化，把一种风格独特的文化注入品牌，品牌的个性才会生动鲜明。

案例讨论5-4 两家航空公司的故事

英国航空公司于1997年斥资5 000万英镑将它的"英国性格"改造成为"全球性格"。英国航空公司对外宣布自己是"全球最受欢迎的航空公司"之后，把原来代表英国的米字旗标志换成了令人倍感亲切的弯曲形状，每架飞机的尾翼上则出现了世界各地艺术家的肖像。英国航空公司以实际行动证明了自己的"全球性格"。而今，只要看到英国航空公司的形象，人们便会联想到世界一流的航空服务。

由颇具传奇色彩的实业家理查德·布兰森领导的维珍航空公司，在英国航空公司卸下米字旗之后，马上在飞机的尾翼上添上了米字旗，借以表达维珍航空公司的"英国性格"。这一做法可谓一箭双雕，一方面明确道出维珍航空公司以小博大的决心；另一方面则使它以机敏轻巧的性格跃然于顾客眼前，轻松取得了所有有关"英国性格"消费者的支持。

这两家公司基于自身的特点与性格，同样成功地建立起了自己的商誉和市场。

【思考】

企业文化对企业形象树立起到怎样的作用？

2. 品牌文化意味着品牌的竞争优势

品牌文化一旦在消费者心目中"注册"，它所代表的功能和利益与消费者认同的价值就会产生共鸣，所释放的能量就会非常可观，就会将无形的文化价值转化为有形的品牌价值，把文化财富转化成差异化的竞争优势，使产品在激烈的市场竞争中保持强大的生命力。

因为消费者如果对一种文化产生认同，就不会轻易改变。

3．品牌文化意味着品牌的超凡魅力

品牌文化是企业经营理念、顾客消费理念与社会价值文化理念的辩证统一，是品牌中能够凸显竞争优势、展现品牌独特理念的人性化、哲理化特征，是品牌形象中最有价值、无法模仿和替代的部分。品牌文化可以超越品牌的物理性能和使用价值，创造品牌感知，丰富品牌意向，提升品牌的理性诉求，强化消费者的购买动机。深厚而持久的品牌文化可以使品牌产生超凡魅力。

案例分析 5-4　品牌的力量

"假如可口可乐的工厂被一把大火烧掉，全世界第二天各大媒体的头版头条一定是银行争相给可口可乐贷款。"这是可口可乐人最津津乐道的一句话。这就是连续多年排名"全球最佳品牌榜"前茅、品牌价值高达 800 多亿美元的可口可乐的底气。

2008 年 12 月，石家庄市中级人民法院受理了对三鹿集团进行破产清算的申请：三鹿集团净资产为负 11.03 亿元，已严重资不抵债。然而，在 2009 年 3 月 4 日上午举行的拍卖会上，三元却以 6.1650 亿元成功拍得三鹿资产。对于这样一家资不抵债的企业，收购它的理由无非也就是它的附加价值，在这里边，品牌占了相当大的比重。即便是像三鹿这样声名狼藉的品牌，还仍有不可磨灭的价值，品牌的力量令人震撼。

【点评】

企业做产品，产品有产品的价值；做品牌，品牌也有品牌的价值。产品可以贩卖，品牌也可以贩卖。

4．品牌文化意味着品牌的生命

从品牌生态学的观点来看，品牌可以分为两大类：经济型品牌和生命型品牌。经济型品牌是指以追求经济利益为根本宗旨，把获得最大市场占有率、最高销售额和最高回报率作为品牌成功的最高标准，不重视品牌文化的建设，结果使品牌成为一部纯粹的赚钱机器，导致其生命快速衰竭。生命型品牌是超越经济利益的生命机体，通过建立优秀的品牌文化而对消费者产生持久的魅力，它更注重长远利益，它的生存能力和发展潜力随着机体的健康成长而不断延续。

5．品牌文化是品牌的人格化

品牌因文化而独具个性，这些个性通常用形容词加以描述，如奔驰的自负、富有、世故，百事可乐的年轻、活泼、刺激等。在这里，品牌已经不是一个死的事物，而是一种活的生命，它具备了人的性格特征。简而言之，就是把品牌人格化了。如果说"性格决定人的命运"，那么也可以认为品牌所包含的精神和价值观决定着品牌的命运。从这个意义上说，品牌文化就是品牌的"人生观"，是决定品牌强弱与成败的关键。

（三）品牌文化的培育

1．围绕品牌核心价值演绎

品牌文化的演绎必须围绕品牌核心价值的主线，改变或偏离这根主线往往使消费者"雾里看花"，对品牌认知产生错乱，自然难以积淀成深厚的文化内涵。

2．细小之中见伟大

大而全的品牌文化就是没有文化，也无法深入人心、引起共鸣。品牌文化从来就是细小之中见伟大，正如原子弹，其巨大的核威力却来自于细小的原子裂变。许多优秀的品牌文化均是以小见大，以少见多，动人心怀。例如：金帝巧克力"只给最爱的人"表达了情人之间的爱，打动了多少恋人的心；纳爱斯雕牌日化品通过"妈妈，我可以帮你洗衣了"等电视广告，围绕母女情来演绎品牌文化。

3．自然、清新、独特的内涵

从经典品牌的发展历程可以看出，凡是能够穿越时光、跨越国界的品牌往往都蕴含着自然、鲜明、独特的文化内涵，品牌文化自然流露，动人心弦，保持长久的生命。例如，可口可乐的"欢乐、自由"，戴比尔斯钻石的"钻石恒久远，一颗永流传"等。

4．满足消费者的人性需求

只有满足人性需求的品牌文化才是最有生命力的。品牌文化虽由企业建设培育，但却由消费者需求而定，所以品牌文化的演绎应该洞察消费者的内心世界，满足消费者的人性需求。

5．多形式的演绎手段

品牌文化的培育应该是点滴积累、循序渐进的过程，全境式的广告轰炸只能快速提高品牌知名度，却很难沉淀品牌深厚的文化内涵。除了广告外，品牌文化的培育还需要多种手段，如公益活动、新闻宣传、公关赞助等。

五、产品的文化设计

产品的文化设计包含四大基本要素，即文化功能、文化情调、文化心理和文化精神。

（一）文化功能

文化功能是产品文化设计的核心要素和首选课题。产品文化设计的主要目的在于赋予产品一定的文化功能。产品的文化功能决定了产品的文化来源和文化形态。因此，不同的文化功能对产品文化设计的要求是不一样的。比如，不管什么产品，其操作力、操作速度、操作频率等都要符合人体运动的力学条件，各种显示件要符合人体接受信息量的要求，使人感到作业安全、方便、舒适。为了达到这样的文化功能，就要对产品进行必要的文化设计，使产品的外部物件尺寸符合人体的尺寸要求，使产品与人的生理特征相协调。成功的产品应当集实用功能、审美功能和文化功能于一体。

案例讨论 5-5　绿色设计

绿色设计是随可持续发展思想的提出而于 20 世纪 90 年代兴起的现代设计技术，是产品设计的未来潮流，它反映了人类对环境恶化和资源枯竭的忧虑。绿色设计所遵从的原则是 3R，即 Reuse（再利用）、Recycle（再生利用）和 Reduce（小型化）。例如，IBM 公司宣布，该公司新的流水线中，制造中央处理器的塑料将可百分之百地回收。

瑞典沃尔沃汽车公司也推出一项有关环境的政策：该公司生产的所有汽车，从设计到变成废铁回收，都要考虑它对环境的影响，最大限度地确保环境安全；而且产品从设计、生产、使用到最后处理的整个生命周期，都要考虑选择有利于环保和可回收的材料。在美国，单是汽车零件回收就是一项年营业额达几十亿美元的产业。

【思考】

分享你了解的绿色设计的产品。

（二）文化情调

作为最感性直观的要素，文化情调是文化设计的切入点。消费者购买产品，往往基于某种情调的考虑。因而产品在具有物质功能的同时，还要有一定的欣赏价值，有一定的文化情调。情调就是通过不同的物质材料和工艺手段所构成的点、线、面、体、空间、色彩等要素，构成对比、节奏、韵律等形式美，以及由此形式美所体现出的某种并不具体但却实际存在的朦胧的情思，表现出产品特定的文化氛围。例如：使用蜡染或扎染面料来设计时装，富有浓郁的民族文化情调；使用彩陶纹饰、图腾纹饰、洞穴壁画图形来设计装饰，富有浓厚的原始文化情调；使用古色古香的陶杯、瓷瓶、铜爵、木盒、竹筒作为酒的包装物，则富有古代文化的情调。一些年轻人喜欢牛仔服、运动装、休闲装和带"洋味"的产品，一个重要原因就是为了追求那种时尚情调、异国情调和青春气息。

文化情调可以满足人们日益增长的情感需要。现代社会，经济活动的高度市场化和高科技浪潮的迅猛发展，引起了人们生活方式的剧烈变化。快节奏、多变动、高竞争、高紧张度取代了平缓、稳定、优哉游哉的工作方式；各种产品源源不断地涌入家庭，使人们越来越多地以机器作为交流对象。与全新的工作方式和生活方式相对应，人们的情感需要也日趋强烈。

正如美国著名未来学家奈斯比特所说：每当一种新技术被引进社会，人类必然产生一种要加以平衡的反应，也就是说产生一种情感，否则新技术就会遭到排斥。技术越高，情感反应也就越强烈。作为与高技术相抗衡的高情感需要，在消费领域中直接表现为消费者的感性消费趋向。消费者所看重的已不是产品的数量和质量，而是与自己的关系的密切程度。他们购买商品是为了满足一种情感上的渴求，或是追求某种特定商品与理想的自我概念的吻合。在感性消费需要的驱动下，消费者购买的商品并不是非买不可的生活必需品，而是一种能与其心理需求产生共鸣的感性商品。因此，所谓感性消费，实质上是技术社会中人类高情感需要的体现，是现代消费者更加注重精神的愉悦、个性的实现和感情的满足等高层次需要的突出反映。

（三）文化心理

文化心理是指一定的人群在一定的历史条件下形成的共同的文化意识。例如，就色彩而言，幼儿喜爱红、黄二色（纯色），儿童喜欢红、蓝、绿、金色，年轻人喜欢红、绿、蓝、黑色及复合色，中年人喜欢紫、茶、蓝、绿色；男子喜爱坚实、强烈、热情之色，而女子喜爱柔和、文雅、抒情的色调。在法国，人们喜爱红、黄、蓝、粉红等色，忌墨绿色，因为它会使人想到纳粹军服。在日本，人们普遍喜欢淡雅的色调，茶色、紫色和蓝色较流行，特别是紫色，被妇女尊崇为高贵而有神秘感的色调。而在中国，城市居民喜爱素雅色和明快的灰色调，乡村和少数民族地区喜爱对比强烈的色调。城市里治丧用黑色，乡村里用白色。

因此，对产品的设计要充分考虑人们的文化心理，使产品的形态、色彩、质感产生悦人的效果，而不能给人以陈旧、单调、乏味的感觉，更不能因违背习俗而招致忌讳。例如，冰箱的颜色多为白色和豆绿色，是因为白色意味着洁净、卫生，而绿色象征着生命，它们暗示着冰箱中的食品是可食的，对身体是有益的。如果设计成黑色，会有一种从坟墓中取食的恐怖感。如果设计为蓝色，也很可怕，因为通常只有药物和化学品才是蓝色的，因此蓝色冰箱会给人以一种"吃错药"的感觉。

（四）文化精神

文化精神是一个民族或一个时代最内在、最本质和最具生命力的特征，同时也是最有表现力的特征。文化精神是产品文化的总纲，文化情调、文化功能和文化心理最终都归结和取决于文化精神。因此，一方面，产品设计要体现民族的文化精神。产品设计不能孤立地存在，必然受到民族传统和民族风格的影响。各民族独特的政治、经济、法律、宗教及思维方式，可以通过产品表现出来，如德国的理性、日本的小巧、美国的豪华、法国的浪漫、英国的矜持与保守，无不体现在其产品设计之中。另一方面，产品设计要体现时代的文化精神。

第三节　企业广告文化

企业广告在提高企业知名度、传播企业信息、参与市场竞争、满足市场需要的过程中形成了一种独特的文化，即企业广告文化。

一、企业广告文化的定义和内涵

所谓广告文化，即是蕴含在广告运动过程中的，逐渐被人们所接受和认同的价值观念、风俗习惯等生活方式的综合，是广告中蕴含的独特的文化底蕴，是广告中必然的构成要素之一。它是以广告为载体、以推销为动力、以改变人们的消费观念和行为为宗旨的一种文化传播形式。广告的传播过程就是一个人们共享社会文化的过程，也是一个企业价值观念不断被传送、强化和被公众接受的过程。广告文化的内涵在于：

（一）广告文化是一种经济文化

广告是目前世界上最普遍、最广泛的一种经济现象。作为现代商战的利器，广告是被作为竞争策略和武器来使用的。同时广告更是一种品牌工具，各种不同形式的广告使商品信息家喻户晓，使经济信息的传播取得最佳效果。广告文化是一种强有力的经济文化。

（二）广告文化是一种社会文化

广告文化是一种现代社会中相对独立的文化现象，作为一种特殊的时代文化，它不仅贯穿于经济生活的方方面面，而且波及人类的经济社会、文化社会乃至政治社会。它不仅在很大程度上支配着人们的消费观念、消费方式，而且还影响着人们的世界观、价值观、社会观和生活观。

案例讨论5-6 公益广告语分享

近年来，公益广告以其"入耳、入脑、入心"的优势以及"思想性、艺术性和构思独特性"的特点，以越来越强大的感染力传递着勇气、责任和信心，唤起民众的爱心与行动，如：

也许你的指间夹着他人的生命——请勿吸烟（医院禁烟广告）。

节省一分零钱，献出一分爱心，温暖世间真情（希望工程公益广告）。

在母亲的心中，他们只是孩子；在妈妈的心中，他们都是伟人（庆祝母亲节广告）。

齐鲁多圣贤，山东有好书（山东某出版社公益广告）。

【思考】

收集更多广告语。

（三）广告文化是一种大众消费文化

广告文化是随着市场经济应运而生的，以大众传媒为载体、以市民大众为主要对象的文化，是目前中国社会文化领域出现的一种现代文化形态。它是一种以推销商品为动力的文化。它唤起人们的消费情绪，潜移默化地影响和改变着人们的消费观念、消费行为和消费方式。

二、广告文化的主要特点

（一）广告文化具有传播媒体的多元性

发布任何广告必须凭借某种媒体。现代企业广告的发布已形成了系统的多元性媒体网络，如广播电视系统、报纸系统、杂志系统、出版社系统、网络系统、专业广告公司系统等。除此之外，企业单位通过广告人或利用一切可以利用的物体和商品自行设计制作的广告更是数不胜数。这使得广告文化具有载体多、传播广、影响大等独特优势。

（二）广告文化具有设计制作的艺术性

无论是商业性广告还是公益性广告，都可以散发激动人心的艺术魅力。广告发布者为了达到广告的最佳效果，都想方设法来增强广告的艺术感染力，因此广告艺术化是现代传媒的普遍追求，它常常把音乐、图文、说唱、戏剧等各种艺术手法运用到广告设计或制作中来。

（三）广告文化具有内容的思想性

思想性是广告的灵魂；科学性是广告的有效载体。现代多门学科知识、信息技术的运用，使广告的效率大大提高。广告在传递信息的同时，也可以发挥着教育功能，激发、鼓舞人们的正直、健康、向上的精神，使人们形成正确的价值观、审美观，造就良好的社会风尚和美好合理的生活方式。

（四）广告文化具有民族差异性

广告文化为一种文化现象，受不同的经济环境、风俗习惯、民族心理、性格特征、思维方式和价值观念的影响。即使是对同一信息，也可能产生不同的主观感受。尤其是在跨文化传播中，务必要了解和尊重消费者的文化背景，避免产生沟通障碍。在宗教文化不同、民族区域不同的地方做广告，其内容和画面应避开宗教禁忌和民族禁忌，避免造成广告传播的障碍。

案例分析 5-5　文化的民族性

美国耐克公司和锐步公司在欧洲推销运动鞋时，就注意欧洲与美国的不同文化之间的差异，避免产生文化冲突。锐步公司在法国做广告时取消了举重选手和拳击手的广告画面，因为法国人爱把这两项运动与暴力联系起来，取而代之的是一群美貌少女脚穿锐步运动鞋在海边跑步的画面。

【点评】

企业在做广告时，应针对目标消费者的行为方式、消费习惯、民族与宗教禁忌等文化背景因素做全面的调查，为拓宽广告文化的影响力做好充分的准备。

三、企业广告文化传播中注意的问题

企业在广告文化传播中值得注意的问题主要有如下三种：

（一）假、大、空现象

所谓"假"，就是有的广告在商品的价格和质量上弄虚作假，欺骗消费者。在价格上标榜"大甩卖""大减价"等，实质上却是故弄玄虚；在质量上号称最好、最优、最耐久等，而实际上质量却很低劣。所谓"大"，就是夸张吹牛，动不动就称王称霸。你说"国内第一"，我就说"国际金奖"。所谓"空"，就是仅有广告口号，而无实际内容。有的广告词逻辑混乱、自相矛盾，令人费解。

（二）广告格调低下、创意不佳

有的广告为了追求感官上的刺激，使用一些色情镜头或照片，格调相当低下。这样的广告即使在短期内能获得一定的效果，最终也必定以失败告终，而且也违反了我国关于广告的相关法律。另外一些广告虽然不涉及色情，但是创意的精神境界不高，同样无法令消费者接受。例如，有一家果汁饮料企业的电视广告台词是："只有我甩别人，不能别人甩我。"这种广告词容易对青年人产生误导，同时也让敏感的消费者产生反感。

（三）广告文化在深层意义上与民族文化有冲突

有些广告在创意时考虑得不够全面，有时会无意中触及民族、宗教信仰等敏感性问题。这样的广告不但不会起到宣传推广产品的作用，甚至可能会给本企业带来巨大的负面影响。

四、企业广告与传统文化

传统文化是企业广告文化生存的环境之一，广告创意必然会受到传统文化的影响。充分了解传统文化在广告中的延展性，有助于找到现代广告与传统文化的契合点。

107

（一）民族的价值观念

文化的基本要素是传统思想观念和价值观，其中尤以价值观最为重要。中国传统思想观念——儒、道、禅、墨、法、名、纵横、阴阳诸家学说，在中华民族文化中留下深深的烙印，如维护国家大统一的政治秩序，把国家、民族的利益看得高于一切，强烈的家意识等。现代广告有时艺术地再现了中华民族的这一根本价值观，如长虹电器推出"以产业报国、以民族昌盛为己任"的企业形象广告，孔府家酒"孔府家酒，叫人想家"，这些价值观体现了民族文化的精神。

（二）民族思维方式

广告创造性的思维活动必然受到民族思维方式的深刻影响，但很多广告也对传统的思维定式带来突破。中国传统思维方式最显著的特征是唯伦理性，具体体现为直观的思考方式、现实的生活态度和对历史的怀旧心理等。"中庸之道"作为一种传统的辩证思维方式，要求人们自觉调节思想感情和言论行动，讲究和谐和含蓄，使之不偏不倚、无过无不及。

案例分析 5-6 "一股浓香，一缕温情"——南方黑芝麻糊

该广告是在一片以橘黄色为基调的暖色中展开的：典型的南方麻石小巷，桔灯摇晃，随着一声"黑芝麻糊咯"的吆喝，一个身着棉布衫的少年推门探头出来，不停地搓手呵气，眼中充满渴望。慈爱的大婶把一勺浓稠的芝麻糊舀向碗里。男孩急不可耐地搓手、咬唇，一副馋猫的样子。大婶递过香浓的芝麻糊，他迫不及待地大口大口地吃，完了还捧着碗舔了又舔，引得一旁碾芝麻的小女孩的笑声。大婶怜爱他，多舀了一碗给他，男孩吃完，满足地抹了一下嘴角。此时画外音传来男声旁白："抹不去的记忆，南方黑芝麻糊。"

【点评】

"一股浓香，一缕温情"为南方黑芝麻糊营造出一个"温馨"的氛围，构成了蕴涵着中华民族特有文化的生活画面，深深感染了每一位观众，引发了现代人的怀旧情怀，激发了消费者的共鸣。

（三）理想的民族人格

中华民族传统的理想人格孕育于各家的经典理论中，如儒家"孔颜乐处"的圣贤人格，道家"自然而为"的逍遥人格，佛教"与世无争"的忍辱人格，墨家"赖力仗义"的侠士人格等。"道""义"是儒家思想行为的总则，许多企业为了提升自身的形象，在公关活动中重义而乐道，对社会表现了高度的责任感，从而使其品牌的美誉度得到了质的升华。儒家理想人格追求"真、善、美"全面发展的人格境界，许多广告充分利用这一民族传统文化，深入挖掘其深层次的美好的东西，以达到良好的广告传播效果。

（四）民族道德情感

传统的民族道德情感对内表现为孝、亲，对外表现为忠、信。孝、亲提倡敬养父母、尊敬长辈、敬爱老人，这对每一个中国人都是挥之不去的情愫。

案例分析 5-7　"爱立信·父子篇"

中国电信的"爱立信·父子篇"的广告很好地反映了父子之间的亲情。事业有成的儿子总是很忙，当他察觉到父亲的孤独与失望时，便抽空与父亲对弈。

儿子：给您换一个大的电视，看得清楚，坐哪里都没问题……妈不在了，一个人吃饭不能随便，给您买了微波炉，又快又方便……腰不好，有时间就用它按摩，很舒服呢。爸，我走了，有事传呼我。

父：又不能在家吃饭了？

儿子：以后再说吧，哪儿不是吃饭。朋友多，天天都要应酬。爸，我走了。

……

儿子：我跟他们说了，今天哪里都不去。爸，我们先做饭，吃完饭再陪您下两盘，很久没跟您下棋了。

字幕：沟通就是关怀。电信沟通、心意互通。

【点评】

这个广告很好地反映了中国人的孝、亲感情，把爱立信产品人格化了，从而使产品显得更有人情味。

（五）民族礼仪风俗

中国人素以"礼仪之邦"的盛誉而著称于世，风俗则是一种历代相袭的积久而成的风尚和习俗，是在广大民众中流行和被认可的不成文的规定。"脑白金"广告的"今年过节不收礼，收礼只收脑白金！"的创意，抓住了中国人送礼的风俗。中国人还有辟邪求吉的心理，"金利来"领带把最初的"金狮"改成"金利来"，迎合了人们求吉的心理而打开了市场。中国电信系列形象广告"清明篇"，抓住了清明节传统的节日活动——郊外踏青中插柳、放风筝两个节日场景，以及清明节传统食品"翡翠团子"进行诉求，获得了很好的效果。

（六）民族文学艺术

中国的民族文学艺术门类众多，主要包括诗歌、散文、小说、戏剧、音乐、舞蹈、书法、绘画、雕塑等。广告作为一种社会文化形态，必然与传统的文化艺术有千丝万缕的联系。广告应首先选择群众最喜闻乐见的艺术形式，并在跨文化传播中使中国的民族文学艺术放出光彩。北京申奥的会徽，形似传统民间艺术品"中国结"，又形似一个打太极拳的人形，如行云流水，和谐生动，充满运动感，让全世界的观众都能理解。

第四节　企业物质文化建设

一、视觉识别基本要素（企业标识）设计

企业标识是企业文化的表征，是体现企业个性化的标志，包括企业名称、标志、标准

字体、标准色等。

（一）企业名称设计

在诸多要素中，企业名称是首先要重视的，好的名称能产生一种魅力，是企业形象的重要组成因素。人们对一个企业的记忆和印象直接来自名称，俗话说"名不正则言不顺"，企业的名称对企业形象有重大影响。如果企业名称不适于信息传递，将会直接影响企业的商业活动。

1．企业名称的基本要素

企业名称有四项基本要素：行政区划、字号、行业或者经营特点、组织形式。

例如，"青岛浪潮海风软件股份有限公司"为企业名称，其中"青岛"为行政区划，"浪潮海风"为字号，"软件"为行业，"股份有限公司"为组织形式。

2．确定企业名称应遵循的规范要求

企业法人必须使用独立的企业名称，不得在企业名称中包含另一个法人名称；企业名称应该使用符合国家规范的汉字；不得含有有损国家利益或社会公共利益、违背社会公共道德、不符合民族和宗教习俗的内容；企业名称不得含有违反公平竞争原则、可能对公众造成误认、可能损害他人利益的内容。

3．企业定名的要诀

（1）简洁。易读易记的名称是理想选择。越单纯、明快的名称，越易于与消费者进行信息交流、刺激消费者的遐想。根据"日本经济新闻"调查，企业名称的字数对认知度有一定影响，名称越短越利于传播，4 个字的企业名称在被调查者中的平均认知度为11.3%，8 个字的则只为 2.88%。雷同、重复或易混淆是企业定名的大忌。

案例讨论 5-7　金利来

金利来，原来叫"金狮"，在香港话听来，便是"尽输"。香港人非常讲究吉利，面对如此忌讳的名字自然无人光顾。后来，曾宪梓先生将标志 Goldlion 分成两部分，前部分 Gold 翻译为金，后部分音译为"利来"，取名"金利来"之后，情形大为改观，吉祥如意的名字立即为"金利来"带来了好运，可以说，"金利来"能够取得今天的成就，其美好的名称功不可没。

【思考】

收集更多产品品牌名称的由来。

（2）创新。新和特不可分离，唯有富含新鲜感、有创意的名称，才有可能是独特的。以从未出现过的词语作为新企业的名称时，往往引人注意，但也要冒不能被大众接受的风险，所以有必要反复宣传。"柯达"（kodak）一词在英文中根本不存在，本身也无任何意义，但响亮新奇，厂商通过设计和宣传建立起独特的概念。

（3）响亮。朗朗上口的名字，比那些难发音或音韵不好的名字更容易传诵。企业拥有一个响亮的名称，是让消费者"久闻大名"的前提条件。例如，音箱中的"健伍"（Kenwood），原名"特丽欧"（Trio），发音节奏感不强，最后一个音"o"念起来没有气势，后改名为 Kenwood，"ken"与"can"谐音，有力度和个性，而"wood"又有短促音与和谐感，整个名称节奏感强，颇受专家好评和消费者喜爱。

（4）巧妙。巧妙地利用联想的心理现象，使企业名称给人以美好、吉利、优美、高雅等多方面的提示和联想，能较好地反映出企业的品位，在市场竞争中给消费者好的印象。"娃哈哈"这个名称，使人自然地联想起天真活泼的孩子，反映出企业的本质和促进少年儿童身心健康的企业宗旨。

案例讨论5-8　宝马标志

宝马轿车的标志选用了内外双圆圈，在双圆圈环的上方标有"BMW"字样，这是其公司全称3个词的首字母缩写。

宝马标志中间的蓝白相间图案，代表蓝天、白云和旋转不停的螺旋桨，喻示宝马公司悠久的历史，象征该公司过去在航空发动机技术方面的领先地位，又象征公司一贯的宗旨和目标：在广阔的时空中，以先进精湛的技术、最新的观念，满足顾客的愿望，反映了公司蓬勃向上的气势和日新月异的新面貌。

【思考】

了解更多品牌的内涵。

（二）企业标志设计

在视觉要素中，标志是核心要素。企业标志是通过造型简单、意义明确、统一标准的视觉符号，将经营理念、企业文化、经营内容、企业规模、产品特性等要素，传递给社会公众，使之识别和认同企业的图案和文字。标志具有象征功能、识别功能，是企业形象、特性、信誉和文化的浓缩。一个设计杰出的、符合企业理念的标志，会增加企业的受信赖感和权威感，在社会大众的心目中，它就是一个企业或品牌的代表。

（1）企业标志的特征：识别性、领导性、造型性、延展性、系统性、时代性、艺术性。

（2）企业标志设计应遵循的原则：适应性原则、知识性原则、可呼性原则、易识性原则、美观性原则、普适性原则。

（3）标志就其构成而言，可分为图形标志、文字标志和复合标志三种。

（4）在标志的设计中还应注意以下一些问题：

1）好的标志应简洁鲜明、富有感染力。

2）优美精致，符合美学原理，也是一个成功标志所不可缺少的条件。

3）标志要被公众熟知和信任，就必须长期宣传，广泛使用，因此稳定性、一贯性是必需的，同时也应具有时代精神。

4）在各应用项目中，标志运用最频繁，它的通用性不可忽视。标志除适应商品包装、装潢外，还要适宜电视传播、霓虹灯装饰、建筑物、交通工具等使用，以及适宜各种工艺制作及有关材料，包括各种压印、模印、丝网印和彩印等，要在任何使用条件下确保其清晰、可辨。

（三）企业标准字体设计

标准字体指企业名称标准字体、产品名称标准字体和其他专用字体。标准字体是企业形象识别系统中的基本要素之一，应用广泛，经常与标志联系在一起，直接将企业或品牌传达给观众，强化企业形象与品牌的诉求力，其设计与标志的设计具有同等重要性。

标准字体设计应遵循的原则：准确性原则、关联性原则、独特性原则。

标准字体设计可划分为书法标准字体、装饰标准字体和英文标准字体的设计。

（四）企业标准色设计

标准色是企业根据自身特点指定的某一色彩或某一组色彩，用来表明企业实体及其存在的意义。在企业信息传递的整体色彩计划中，具有明确的视觉识别效应。标准色设计要尽可能单纯、明快，以最少的色彩表现最多的含意，达到精确快速地传达企业信息的目的。

一般色彩的意义：红色给人以活泼、生动和不安的感觉，并饱含着力量、热情、方向感和冲动；橙色象征着充足、饱满、有活力、明亮、健康、向上、兴奋等；紫色给人以高贵、庄重的色彩感；蓝色易使人想到蓝天、海洋、远山、严寒，使人具有崇高、深远、透明、沉静、凉爽的感觉，它也是现代科学以及智慧和力量的象征色彩，给人以高深莫测之感，因此高科技企业一般多用此色。

标准色的一般规律见表 5-1。

表 5-1　标准色的一般规律

色　彩　系	适　用　行　业
红色系	食品业，交通业，百货业，药品业
橙色系	食品业，建筑业，石化业，百货业
黄色系	百货业，化工业，建筑业，电器业
绿色系	金融业，农林业，建筑业，百货业
蓝色系	药品业，交通业，化工业，高科技
紫色系	化妆业，服装业，出版业，药品业

可口可乐使用的是高色度的红色，给人以强烈的视觉刺激，产生一种跃动感。而第一劝业银行在红色中加入一定量的黑色，从而降低了色彩的纯度，减少了不稳定的跃动感，增加了沉静的成分，符合银行的经营特征。

（五）辅助要素设计

辅助要素设计包括象征图形和特性图案的设计。

1．象征图形（象征图案）设计

在识别系统中，除了企业名称、标志、标准字体、标准色外，具有适应性的象征图形也经常被运用。象征图形又称装饰花边，是视觉识别设计要素的延伸和发展，与标志、标准字体、标准色保持宾主、互补、衬托的关系，是设计要素中的辅助符号，主要适用于各种宣传媒体装饰画面，加强企业形象的诉求力，使视觉识别设计的意义更丰富，更具完整性和识别性。

象征图形配合名称、标志、标准字体、标准色等基本要素，广泛、灵活地使用，具有不可忽略的功能作用。由于应用设计项目繁多，需要一些有弹性变化的图形符号作适度的修饰，补充企业标志、标准字体等基本要素在多种环境、多种媒体中的传播效果。

2．特形图案设计

特形图案是象征企业经营理念、产品品质和服务精神的富有地方特色的或具有纪念意义的具象化图案，这个图案可以是图案化的人物、动物或植物。选择一个具有意义的具象物，经过设计，赋予具象物人格精神，以强化企业性格、产品品质诉求。

二、企业文化视觉传播网络设计

企业文化视觉传播网络设计是营造好氛围的一种有效手段，通过视觉传播系统，把企业的价值观用直接、快速、耳濡目染的方法传递给员工，营造良好的企业氛围。

（一）企业内刊设计

企业内刊是企业文化的外在表现形式，是企业文化的重要载体，也是企业信息上通下达的沟通渠道和舆论宣传阵地。企业发展到一定阶段，会形成一定的文化氛围和底蕴，企业文化的演进过程，在很大意义上是企业对自身历史和未来的不断阐释和描绘的过程，而这种阐释和描绘不能仅仅停留在口头传播的形式上，它必须以文字的形式固化，才能持续并广泛传播。企业内刊是企业递出去的一张美丽名片，也是员工学习企业文化和掌握企业信息的重要阵地。

企业内刊，顾名思义，就是一个企业的内部刊物，是不具有正式刊号的内部交流刊物，或为报纸，或为杂志，或为周报，或为月刊、半月刊、双月刊等。有的企业内刊重于对外宣传，有的则重于对内教化，但始终有一点是明确的，那就是为企业文化服务。企业内刊的设计包括：

（1）刊名设计。可以参考知名企业内刊，但要具备自身特点，刊名可叫"××之窗""××天地""××报""××人"等，××代表企业名称。

（2）栏目设计。内刊栏目的设计要结合企业的背景、行业特点、企业自身特点等因素，设计能体现企业特色的栏目，当然也要兼顾到内刊作为宣传物的固有栏目。

（3）内容设计制作。内容设计制作环节不外乎三种模式：自聘、兼职和外包。随着经济水平的提高和社会专业分工的不断发展，期刊设计的外包模式正日益受到欢迎。主要是因为专业制作公司具有较高的设计水平和规范的工作流程，刊物的设计质量较高，且可以相对稳定地维持在一定的水准上，使编辑能将精力集中在内容采编上。

内刊是具有中国特色的产物，它的产生与民营企业的发展密不可分，是民营企业发出自己的声音、打造企业文化的一个重要平台。较有影响的企业内刊有：《万科》《实达》《沟通》《联想》《万通》《四通人》《新南方》《宝安风》《三木信息》等，凡是规模大一点的民营企业，正规一点的企业，现在都有自己的刊物。或者反过来说，如果企业没有一本内刊，那么该企业的企业文化就值得质疑。企业内刊也从一张张单页快报的内部通讯，发展到现在既有一定的专业性，又颇具品位，并逐渐引起人们关注的财经类杂志。

企业内刊制作要避免两个误区：一方面，企业内刊具有记录功能，因此一些企业内刊"有闻必录"，热衷于报道企业中发生的新闻和活动，单纯地把企业内刊当成一个留声机、传声筒，把企业内刊看成死的东西，忽视发挥企业内刊的主观能动性。另一方面，如今在企业中，甚至在社会上，都有唯文化论泛滥的倾向，很多企业文化工作者把企业文化的内涵予以压缩，然后把外延无限放大，风马牛不相及的也要生搬硬套到企业文化上，牵强附会，以致企业内刊建设轻重不分，中心不明，偏离了企业内刊的正常轨道。

企业内刊是企业自己所掌握的媒介资源，用以传播自己的意志和决心，从这一点上来说，它缺少监督和有效控制，只能凭借单位内部内刊编辑做好这方面的把握。如何有效发挥企业内刊在企业文化建设中的作用，正确的企业文化建设战略是基础和前提，一个企业的企业文化如果是杂乱无序的，那么企业内刊必然也是如此。如果企业文化有一个正确的发展脉络和具体的发展战略、方案，那么企业内刊建设也就有纲可依、有据可循。除此之外，企业内刊工作者还需要始终保持清醒的头脑，时刻站在企业文化战略发展的高度上，深刻理解企业内刊的定位和功能，只有这样，企业内刊才能永葆青春活力，企业文化建设才会如虎添翼，经久不衰。

（二）企业文化标语

企业文化标语包括企业文化挂图、企业文化口号、企业宣传标语等。企业文化是一个组织由其价值观、信念、仪式、符号、处世方式等组成的特有的文化形象，而企业文化标语则是将这些价值观或现象以具体的文字，配合图形体现出来，并张贴或悬挂于企业内部的办公区域。

企业文化是无形的管理，起到企业文化宣传作用，更能提升企业整体形象，增强企业凝聚力。企业文化标语则是体现企业文化的一种方式。

企业文化标语的分类有：

（1）励志、激励类标语，如：

① 市场竞争不同情弱者，不创新突破只有出局。

② 心量狭小，则多烦恼；心量广大，智慧丰饶。

③ 不自重者，取辱。不自长者，取祸。不自满者，受益。不自足者，博闻。

（2）企业文化类标语，如：

① 顾客的赞美，是企业最大的财富。

② 观念决定思路，思路决定出路。

③ 执行力的关键是细节。

（3）企业价值观类标语，如：

① 以质量为生命，以客户为中心。

② 以市场为导向，以网络为基础，以人才为根本，以发展为前提。

③ 以质量求生存，以信誉求发展，以管理求效益。

④ 以市场为导向，以客户为中心。

⑤ 需要理解的是客户，需要改进的是自己。

⑥ 对客户奉献热诚，为客户着想、急客户之所急，客户的认可，是我们事业生存发展的土壤。

⑦ 争取一个客户不容易，失去一个客户很简单。

（三）企业博物馆和文化展厅

一些有历史积淀的企业，为了弘扬企业文化和企业精神，强化外部宣传，建设了一系列以展示为主的企业博物馆或者企业文化展厅（展馆）。

1．企业博物馆

企业博物馆的定义最早由英国学者 Victor J. Danilov 在 1992 年的《Corporate Museum and Exhibit Halls》一书中给出：企业为了自身历史的保存与传达设立的展览场所；并用此提升员工对企业的归属意识，以身为其中一员而感到骄傲；提供访客或客户了解企业生产的产品与服务等资讯的展示空间，同时兼具宣传企业的经营理念、产品特点、收藏或产品；增进舆论对企业技术和生产科技的了解，或为企业所在地的社区居民提供交流及获得文化、教育服务，附带有一定的游览功能的设施空间。

我国是历史悠久的文明古国，有相当丰富的文物遗存，国内博物馆的建设已经进入空前的发展阶段，许多城市同时拥有数个大型博物馆或科技馆，但调查发现中国的企业博物馆尚未形成规模，且仍处于初期探索阶段，普遍存在规划与运营方面的不足。通过研究和统计，中国具有国际影响力的企业和品牌，80%拥有自己的展示场所，10%拥有相当规模的企业博物馆或展示馆；但只有 3%的企业自建馆能够进入商业运营，拥有高规格接待能力的不足2.5%。中国品牌要从"中国制造"走向"中国创造"，必须完善品牌价值和企业文化链条，做到与企业实力的完美集成。企业博物馆建设是企业最具特点的文化建设窗口，"企业定位自己，发掘自身品牌文化和精神价值，自信地展示自己"应当是企业博物馆的核心目标。

常见的企业博物馆的种类有：

（1）文化专题类。依靠品牌悠久的历史和展览实物，用空间时间线索营造体验感受，如云南白药博物馆、杭州茶叶博物馆。

（2）产品技术类。从产业或行业历史角度，清晰有效地普及行业最新科技和技术，同时展示企业产品和生产优势，如中国煤炭博物馆、山西水塔老陈醋股份有限公司投资兴建的醋文化博物馆、上海安亭汽车博物馆。

（3）综合体验类。以雄厚的资金实力和场地优势，用主题公园的方式，打造工业文化体验，同时促成旅游消费，如青岛啤酒博物馆、美国亚特兰大的可口可乐企业博物馆。

（4）产业主题类。借力政府扶持、依托区域特点、产业导向等，打造地方特有的文化气质，如景德镇瓷都博物馆、宁波北仑港口博物馆。

2．企业文化展厅

企业文化展厅作为企业展示自身品牌形象的重要场所，已越来越多地引起企业领导的重视，特别是一些注重品牌形象的企业，往往在办公楼内规划出一定的空间，请一些专业的展厅设计公司，进行整体的形象包装和展示。企业文化展厅通过优化企业形象，集中展示企业产品而获得客户的信任，让客户了解企业的文化、产品、品质、服务等各个方面，更可作为客户来访参观、交流、洽谈的场所。因此，近年来，企业建设自身的文化展厅已经成为一种必然的趋势。

（四）企业网络

网络号称文化传媒的第四媒体，具有即时性、开放性、平等性和主动性等特点，彻底抛弃了传统媒体手段的单一枯燥、费时费力、严肃有余而活泼不足等缺点，给企业文化建设带来了新的气象和新的格局，更好地实现了企业文化的内部沟通。

企业可以在内部网络上传播制度文化、进行网上培训、建立网上员工俱乐部等，增加团队的亲和力以及凝聚力，促进信息的交流与共享。

本 章 小 结

本章介绍内容居于企业文化整体结构的最外层，主要围绕企业物质文化的相关知识设置各节的知识目标。内容具体涵盖企业环境和企业容貌、企业产品文化、企业广告文化及企业物质文化建设等。

通过本章学习，读者能够扎实地掌握企业物质文化的相关知识并能够熟练地运用。

同 步 测 试

一、单项选择题

1. 企业物质文化居于企业文化的（　　）。
   A. 核心层　　　　B. 最外层　　　　C. 浅层　　　　D. 最内层
2. 企业标识是企业（　　）的表现。
   A. 大众化　　　　B. 个性化　　　　C. 特殊化　　　　D. 社会化
3. 以下不属于企业人文环境的是（　　）。
   A. 领导作用　　　B. 厂房厂区　　　C. 竞争环境　　　D. 合作氛围

二、多项选择题

1. 企业环境包括（　　）。
   A. 工作环境　　　B. 社会环境　　　C. 生活环境　　　D. 企业容貌
2. 产品的文化设计包含（　　）。
   A. 文化心理　　　B. 文化精神　　　C. 文化情调　　　D. 文化功能
3. 广告文化的特点包括（　　）。
   A. 差异性　　　　B. 多元性　　　　C. 思想性　　　　D. 艺术性

三、简答题

1. 企业环境包括什么？
2. 简述产品文化和品牌文化的联系与区别。
3. 品牌文化的培育包括哪些方面？
4. 产品的文化设计包括哪些内容？
5. 广告文化的主要特点是什么？
6. 简述企业文化视觉传播网络设计的内容。

四、案例分析题

"新可乐"失败的思考

自从 1886 年亚特兰大药剂师约翰·潘伯顿发明神奇的可口可乐配方以来，可口可乐在全球开拓市场可谓无往不胜。但是，1985 年，为了迎战百事可乐，可口可乐公司宣布更改其行销 99 年的饮料配方，此事被《纽约时报》称为美国商界一百年来最重大的失误之一。

在巨人踌躇不前之际，百事可乐却创造着令人瞩目的奇迹。它首先提出"百事可乐新一代"的口号。这一充满朝气与活力的广告，极大地提高了百事可乐的形象，抓住了那些富于幻想的青年人的心理，并牢固地建立了它与软饮料市场上大部分的消费者之间的关系。在第一轮广告攻势大获成功之后，百事可乐公司仍紧紧盯着年轻人不放，继续强调百事可乐的"青春形象"，又展开了号称"百事挑战"的第二轮广告攻势。在这轮攻势中，百事可乐公司大胆地对顾客口感试验进行了现场直播，即在不告知参与者在拍广告的情况下，请他们品尝各种没有品牌标志的饮料，然后说出哪一种口感最好，试验过程全部直播。百事可乐公司的这次冒险成功了，几乎每一次试验后，品尝者都认为百事可乐更好喝。"百事挑战"系列广告使百事可乐在美国的饮料市场份额从 6% 猛升至 14%。

面对百事可乐的挑战,在戈伊祖艾塔于 1981 年 3 月成为可口可乐公司的董事长之后,在当时情况下,他带领公司开始实施"堪萨斯计划"——改变可口可乐的口味。

1984 年 9 月,可口可乐公司技术部门开发完成一种全新口感、更惬意的可口可乐,是一种带有柔和的刺激味的新饮料。

1985 年 4 月 23 日,可口可乐公司董事长戈伊祖艾塔宣布:经过 99 年的发展,可口可乐公司决定放弃它一成不变的传统配方,原因是现在的消费者偏好口味更甜的软饮料,为了迎合这一需要,可口可乐公司决定更改配方,调整口味,推出新一代可口可乐。

在新可口可乐上市 4 小时之内,接到抗议更改口味的电话达 650 个;到 1985 年 5 月中旬,批评电话每天多达 5 000 个;6 月份这个数字上升为 8 000 多个。由于媒体的煽动,怒气迅速扩展到全国。

在那个春季和夏季里,可口可乐公司收到这样的信件超过了 4 万封。在西雅图,一些激进的忠诚者成立"美国老可口可乐饮用者"组织来威胁可口可乐公司:如果不按老配方生产,就要提出控告。在美国各地,人们开始囤积已停产的老可口可乐,导致这一"紧俏饮料"的价格一涨再涨。当 7 月份的销售额没有像公司预料的那样得到增长以后,瓶装商们要求供应老可口可乐。

新可口可乐面市后的三个月,其销量仍不见起色,而公众的抗议却愈演愈烈。最终可口可乐公司决定恢复传统配方的生产。这一消息立刻使美国上下一片沸腾,当天即有 18 000 个感谢电话打入公司免费热线。当月,可口可乐的销量同比增长了 8%,股价攀升到 12 年来的最高点每股 2.37 美元。但是可口可乐公司已经在这次的行动中遭受了巨额的损失。

【思考】
请分析新可口可乐失败的原因是什么?
【提示】
1．营销包括很多的内容,其中就有品牌的建设、维护、拓展,可口可乐的品牌成长于二战时期,可口可乐的老总把可口可乐的品牌与爱国、美国精神和文化联系到一起,所以说可口可乐不仅是一种产品,更加代表着一种文化精神。而且作为一个国家的品牌,它不仅属于公司,同时属于美国人民。

2．消费者在购买产品时,不仅仅买的是产品,还希望能买到一种感觉、一种心情或是一种文化,新可口可乐忽视了消费者的文化情结,因此迎来了众怒。

3．可口可乐的文化内涵和潜在价值是深眠在消费者的内心深处的,必须有意识地精心设计问卷,才能调查出他们在顾客心目中的地位和分量。

职 业 实 训

【实训目的】企业文化建设员工活动策划方案

【实训要求】由教师选取一家合作企业,向学生说明其经营范围、员工规模、企业文化建设现状等企业基本情况;学生由 3~5 人组成一个小组,到实地进行调查;根据企业情况撰写企业文化建设员工活动策划方案,包括活动主题、活动目的、活动形式、活动时间、参加人员、活动组织、准备工作、经费预算等。

【实训成果】方案的课堂展示与分析,在条件允许情况下可以实施。

第六章
中国特色企业文化

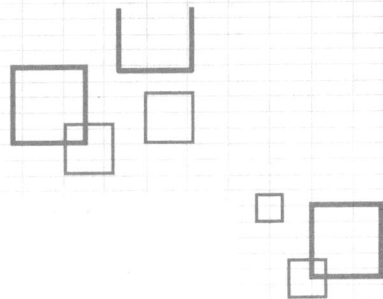

🖱 **学习目标**

➲ **知识目标**
1. 掌握中国传统文化对企业文化的影响
2. 理解中国企业文化建设的特点
3. 了解中国企业文化的认识误区
4. 了解中国企业文化建设的主要问题

➲ **能力目标**
1. 能理解中国传统文化对于企业文化的影响
2. 能把握中国传统文化特点并能结合实际加以运用
3. 能应用中国优秀的传统文化来解决企业管理中的实际问题

导入案例

花钱办慈善，大乐在其中——牛根生：轮回式财富观

2005 年，牛根生宣布其与家人捐出全部股份（约占蒙牛股份的 10%），创立"老牛专项基金"。老牛专项基金着重帮助医疗和教育的发展以及解决三农问题。2005 年，老牛专项基金的捐助额为 600 万元，2006 年攀升至 1300 万元，而 2007 年高达 2800 万元。2008 年初，老牛专项基金又为中国雪灾捐助了 1000 万元。2009 年 7 月 7 日，牛根生宣布，由他掌控的老牛基金 3.48% 的股权全部抛售，套现 9.55 亿港元。按照每年 10% 的基金收益率，每年老牛专项基金用于公益慈善的金额约有 1 亿元。同时老牛专项基金名下股票市值仍有 30 多亿元。据老牛专项基金透露，这些将来也会用于公益慈善。

老牛专项基金采取一种全新的制度设计：股份所有权归老牛专项基金，表决权归现任或继任蒙牛董事长，收益权归老牛专项基金管理委员会。这既不同于所有权与经营权合一的传统制度，也不同于所有权与经营权分离的现代制度，而是开辟了股权设置上的"第三种制度"——所有权、表决权、收益权"三权分设"的创新模式。

牛根生说："自从我决定捐资，建立基金会以后，我体验到了一生中都没有体验过的快乐，一种超越的快乐。我现在心里也很踏实，不担心别人的恐吓，也没有了别人对我疯狂追求财富的误解，孩子找对象也就真实了。"

牛根生曾说："如果问我的慈善理念是什么？那就是一句话：'己所欲，施于人'。

我觉得，对于当今中国的企业家来说，如果你自己希望在生活中得到帮助，那么就要给予别人帮助。如果你自己也希望生活和谐，那么你就要把自己所拥有的拿出来，致力于改变这一切，与全社会一起分享你自己的人生果实。这就是中国人传统的价值观。"牛根生称自己的财富观念为"轮回式财富观"。虽然事业成功，不过让牛根生最开心的还是"散财"。"从无到有，满足个人，这是一种小的快乐；从有到无，回馈社会，我觉得这才是一种真正的大的快乐。"牛根生说。

【思考】

牛根生的"轮回式财富观"和"先小乐，再大乐"的财富观、消费法体现了什么？

第一节　中国企业文化特点

一、中国传统文化对企业文化的影响

中国传统文化是随中华文明演化而汇集成的一种反映民族特质和风貌的民族文化，是民族历史上各种思想文化、观念形态的总体表征，是指居住在中国地域内的中华民族及其祖先所创造的，为中华民族世世代代所继承发展的，具有鲜明民族特色，历史悠久、博大精深的优良文化。简单来说，就是通过不同的文化形态来表示的各种民族文明、风俗、精神的总称。它是以儒家文化为核心，博采了道、佛、法、兵、墨等各家之言的多元传统文化。

中华民族历史悠久，积淀了丰富的传统文化。这些文化从总体上看是以自然经济为基础、以家族为本位，在博大精深的中国传统文化中，诚信忠厚、人本和谐、勤劳敬业、成人达己的处世哲学，立操以仁、以义取利、实业报国、服务社会的价值观，艰苦奋斗、勤奋自强、开拓进取、勇争一流的求索精神，老成温厚、遇事忍耐、知足常乐、幽默滑稽的性格特征，忠于国家、忠于组织、尊敬师长、克己复礼的道德规范，富而行善、乐善好施、周济贫民、捐赠国家的财富观念，顺应自然、少思寡欲、修身立德、厚德载物的人本思想，以及强烈的爱国主义民族意识、公而忘私的主人翁意识和团体协作的集体主义精神等传统美德，都对企业文化建设产生了积极而深远的影响。但是，传统文化中的一些消极因素，如重人情、讲面子、裙带关系、等级观念、官本位思想、平均主义、小富即安、嫉贤妒能、消极避世、因循守旧，以及自私、贪婪的人性恶习与传统信仰衰落等消极因素对企业文化建设的消极影响也很大。所以传统文化对企业文化的影响具有鲜明的两重性。

（一）中国传统文化对企业文化的积极影响

1. "以人为本"的民本思想

"以人为本"就是以人为考虑一切的根本，用中国传统方式来说，就是肯定在天地人之间，以人为中心；在人与神之间，以人为中心。所谓"人为万物之灵""天地之间人为贵"，都是这个意思。这种思想直接引申出重视人才、尚贤任能的观念。它带来的启示就是，企业的管理者要在企业中建立一种"以人为中心"的文化氛围，其含义包含三点：①"企业即人"。企业是由人组成的集合体，因此应把人的因素放在中心地位，时刻把调动人的积极性放在主导地位。②"企业为人"。办企业是为了满足人、满足社会的需要，并提高员工的物质和文化生活的需要，"企业为人"与"企业追求利润最大化"是对立统一的关系，当两者发生冲突时应舍弃后者而取前者。③"企业靠人"。企业文化建设的主体是全体员工，必须依靠全体员工的智慧和力量，实行全员参与，以调动每位员工的积极性，促进最终目标的实现。

2．"刚健进取"的民族精神

早在古老的《周易》中，就对刚健有为、积极进取的精神做出了经典性的表述："天行健，君子以自强不息"，成为中国传统文化精神的重要内涵，成为中国民族精神的象征。自强不息的精神可以有助于企业形成刚健进取、发奋图强的企业文化，鼓励企业的全体员工愈在挫折厄运面前，愈要有抗争的勇气和力量，愈要有坚韧的探索和持久的忍耐。

3．"和谐合作"的思想方法

注重和谐与合作是中国传统文化的一个基本精神，孟子在国家事务管理方面提出上下和谐的思想，阐述了"天时不如地利，地利不如人和"的著名命题。对于现代企业而言，建立一种"和合"的文化氛围，对各项发展都有重大的意义。对内可以使企业员工与企业经营者、所有者同心协力共创价值，对外可以使生产商、营销商、用户之间建立伙伴协作关系，可以与竞争对手共同开发广大的市场，实现利益共享。

4．"崇德重义"的企业伦理

我国的传统文化中高度推崇道德和道义在人类生活中的地位和作用，《周易》中"地势坤，君子以厚德载物"就是这个意思。体现在企业伦理上就是"价实""货真""量足""守义"，这既是企业的伦理道德观念，也是企业的行为准则。在企业内部，对员工讲伦理，以诚待人、以情感人，可以形成强大的凝聚力和向心力；对股东讲伦理，不虚报业绩，不隐藏盈余，使股东获得应有的红利，这样投资人才有信心，公司才能筹到资金进一步发展。在企业外部，对顾客讲伦理，努力为顾客着想，采取各种行动维护企业的良好形象，赢得顾客的信任；对社会讲伦理，企业从社会赚取利润，也要回馈社会，不仅要多做公益事业，而且要带头提升社会风气，促进文化升级；对国家讲伦理，企业的成败与国家主体经济的发展息息相关，政府要为企业创造一个良好的经营环境，企业也应该做到诚实纳税、诚信经营，维护企业与国家的形象。只有建立这样一种"诚信"的文化，才能为企业发展创造良好的内外部环境。

（二）中国传统文化对企业文化的消极影响

1．求稳怕乱，反对一切变革创新

"先王之道"不能违，"祖宗之法"不可变，是我们民族传统文化的一个重要信条。在我们今天的企业里，低头干活少说话，本本分分随大流的人，能得到好评，过上安稳日子，还往往被选为"先进"，推为"优秀"。而不安于现状，总想越出些"规矩"、弄出些"新意"的人却不被看好。在民族文化心理中，"离经叛道"为世情所不容，也往往伤当权者、管理者的感情和神经。由此形成了停滞、僵化和消极的企业文化，成为创新的重要阻力。

2．重义轻利的价值观念，以"安贫乐道"为尚

我国传统文化有"崇德重义"的道德规范，但它把义和利绝对对立起来，反对人们要求改变自身生存条件的愿望和为此所进行的斗争。既然功利和人欲被看作是恶的、应该抛弃的东西，力量的培养、知识的研求，也就必然被忽视。从社会效果来看，这种文化效果流行的结果，造成知识分子空谈心性、轻视实践的性格，偏重向内心寻觅"天理""良知"，而鄙视向外界探索客观世界，以致阻塞了探索知识、改造世界的雄心和锐气。

3．强调群体意识，忽视对人的个性的认可与培养

这种思想意识的长期影响，使人们难以坚持个人的看法，不利于企业员工个体意识的发挥，企业家也不敢大胆实施自己的改革方案，不愿显示个人的力量，这对企业的发展是十分不利的。

4．传统文化崇尚平均主义，压抑了人们的进取精神

市场经济需要冒险精神、开拓精神、进取精神，通过公平的竞争实现优胜劣汰，实现资源配置的优化。这种观念造成的行为后果是压抑人的进取精神。

二、我国企业文化建设的特点

我国的企业文化是企业生产经营管理现代化的产物。它是自觉地吸收国外企业文化理论的积极成果，从我国企业的实际出发建立起来的企业文化，是有中国特色的企业文化。虽然企业文化建设在我国企业发展中并没有久远的历史，但是中国的企业界已经开始认识到企业文化的重要性，一些企业已经成功建立了独具个性的文化氛围，其特点如下：

（一）理论的科学性和现实的真实性相统一

社会主义企业文化建设的理论基础是马列主义、毛泽东思想和中国特色社会主义理论体系。马列主义、毛泽东思想是科学的理论，它不仅对我国整个社会主义建设有指导作用，而且为我国现代企业文化建设提供了理论依据。同时社会主义企业文化所包含的企业物质生产过程理论、价值观念、经营宗旨、管理信念等内容，也只有以马列主义、毛泽东思想为指导，才能使其真正体现社会主义的性质。中国特色社会主义理论体系是马列主义与中国实际相结合的最新成果，是对马克思主义、毛泽东思想的继承和发展，我国企业文化建设也必须以这一理论为指导。

（二）政府的重视与制度的支持相统一

在社会主义初级阶段的计划经济体制下，国有企业不具有真正的法人资格。各级政府的经济管理部门，对企业文化普遍重视，并习惯按"红头文件"的规定要求企业。各级企业主管部门年年讲企业文化，层层召开专业会议下达任务，广泛培养推广企业文化典型，甚至将企业文化纳入企业家统一年度绩效考核目标。政府的重视及相关制度的支持，使我国的企业文化建设格局呈现出地区塑造的整体性、发展的阶段性、方法的统一性和波浪式前进的社会主义特有规律。

（三）领导的身体力行与职工群众的积极参与相统一

企业文化是现代管理科学发展的产物，它不是自发形成的，必须经过人的自觉努力才能逐步培育。企业领导是企业文化的第一倡导者、创立者和实践者，由于他们在企业中处于核心地位，总揽全局，在如何发挥企业优势、有效地调动职工积极性方面起着重要作用，企业文化建设由他们切实重视、率先参与，就能使企业的上上下下高度重视企业文化建设这项工作,也有利于企业文化建设与经营管理紧密地结合起来,便于充分发挥企业文化在企业发展中的作用。作为企业领导,不但要懂得企业文化的基本理论,而且还要运用企业文化去调动企业职工的积极性和增强企业的凝聚力。企业文化的开展需要企业领导身体力行、以身作则,起到带头作用、示范作用。

第二节　中国优秀企业文化赏析

一、华为企业文化

(一)背景资料

华为于 1987 年成立于中国深圳,目前是全球第二大通信设备供应商,全球第三大智能手机厂商,也是全球领先的信息与通信解决方案供应商。公司围绕客户的需求持续创新,与合作伙伴开放合作,在电信网络、企业网络、消费者和云计算等领域构筑了端到端的解决方案,并致力于为电信运营商、企业和消费者等提供有竞争力的 ICT 解决方案和服务,持续提升客户体验,为客户创造最大价值。目前,华为的产品和解决方案已经应用于全球 170 多个国家,服务全球运营商 50 强中的 45 家及全球 1/3 的人口。

华为在 2010 年以 218.21 亿美元营业收入首次杀入《财富》世界 500 强榜单,排名第 397 位。2013 年,华为首超全球第一大电信设备商爱立信,排名第 315 位。2016 年,华为又提升至第 129 位。2016 年,研究机构 Millward Brown 编制的全球 100 个最具价值品牌排行榜中,华为从 2015 年的排名第 70 位上升到第 50 位。2016 年,全国工商联发布"2016 中国民营企业 500 强"榜单,华为以 3 950.09 亿元的年营业收入成为 500 强榜首,同时在"2016 中国企业 500 强"中排名第 27 位。

(二)华为企业文化的特色与亮点

1．华为的核心价值观

(1)追求。华为的追求是在电子信息领域实现顾客的梦想,并依靠点点滴滴、持之以恒的艰苦追求,使华为成为世界级领先企业。

(2)员工。认真负责和管理有效的员工是华为最大的财富。注重新生知识、新生人格、新生个性,坚持团队协作的集体奋斗和决不迁就有功但落后的员工,是华为事业可持续成长的内在要求。

(3)技术。广泛吸收世界电子信息领域的最新科研成果,虚心向国内外优秀企业学习,独立自主和创造性地发展自己的核心技术和产品系列,用华为卓越的技术和产品自立于世界通信列强之林。

(4)精神。爱祖国、爱人民、爱事业和爱生活是华为凝聚力的源泉。企业家精神、创新精神、敬业精神和团结合作精神是华为企业文化的精髓。华为决不让雷锋们、焦裕禄们吃亏,奉献者定当得到合理的回报。

(5)利益。华为主张在顾客、员工和合作者之间结成利益共同体,并力图使顾客满意、员工满意和合作者满意。

（6）社会责任。华为以产业报国，以科教兴国为己任，以公司的发展为所在社区做出贡献。为伟大祖国的繁荣昌盛，为中华民族的振兴，为自己和家人的幸福而不懈努力。

2．《华为基本法》

法治区别于人治的一个重要方面，就是它比人治更加规范化。规范化管理能够有效消除协作中的各方在对同一件事上理解的不同，不仅能节省大笔的人工成本费用，而且还能有效地提高员工的工作效率。华为的规范化是一个循序渐进的过程，这一过程应该说始于《华为基本法》的起草制定。《华为基本法》作为华为的"基本大法"，其制定的初衷就是"为华为制定纲领性文件"，同时涵盖研发、生产、销售、行政、人事等各方面的细节，以求最终形成一部贯彻华为管理思想的具体管理条例。

华为希望将企业成功的基本原则和要素系统化、规范化、制度化，将企业家的智慧升华凝结为企业的智慧资产，从而不断传承发展下去，这种思想和现代规范化管理的精神要义基本相符。《华为基本法》可以说是华为制度建设的重要里程碑，就是在世界范围内，也堪称企业制度创新的典范。

3．华为的"狼性"文化

无数的实践表明，一个优秀的文化体系是促使企业不断创新的灵魂，是引导企业最终走向成功的旗帜。

华为非常崇尚狼，认为狼是企业学习的榜样，要向狼学习"狼性"，狼性永远不会过时。任正非说：发展中的企业犹如一只饥饿的野狼。狼有最显著的三大特性：一是敏锐的嗅觉，二是不屈不挠、奋不顾身、永不疲倦的进攻精神，三是群体奋斗的意识。同样，一个企业要想扩张，也必须具备狼的这三个特性。华为的"狼性文化"可以用这样的几个词语来概括：学习、创新、获益、团结。用"狼性文化"来说，学习和创新代表敏锐的嗅觉，获益代表进攻精神，而团结就代表群体奋斗精神。

狼能够在比自己凶猛强壮的动物面前获得最终的胜利，原因只有一个：团结。即使再强大的动物恐怕也很难招架得了狼群的攻击。所以说，华为团队精神的核心就是互助。

从华为的实践来看，华为特殊的"狼性精神"实质就在于追求卓越的进攻精神，这是华为"狼性"的核心。而任正非强烈的危机意识则强化了这种"狼性精神"，他认为企业越是高速成长、越是发展顺利，就越容易忽视隐含在背后的管理问题。任正非平时总是大力强调这种忧患意识，着意培养下属的危机感。这或许也可以解释为何 20 世纪 90 年代珠三角那么多的电子企业，中国那么多的民营企业，只有华为等极少数企业成为其中的佼佼者。

（三）点评

在中国，各家企业虽然都提企业文化，但是真正理解企业文化和实施企业文化战略的企业并不多，而华为就是其中之一。企业文化是华为之所以成为华为的一个不可缺少的东西。华为的企业文化可以用这样的几个词语来概括：团结、奉献、学习、创新、获益与公平。华为的企业文化还有一个特点就是：做实。企业文化在华为不是口号，而是实际的行动。

从华为企业文化的特点来看，其来源有三：一是国内外著名企业的先进管理经验；二是中国传统文化的精华；三是华为企业家创造性思维所产生的管理思想。其中，华为企业家群体的管理思想是华为文化的主流，它不断创新，使得华为文化"生生不息"。

二、蒙牛企业文化

（一）背景资料

蒙牛是一家总部位于内蒙古的乳制品生产企业，是国内生产牛奶、酸奶和乳制品的领头企业之一，1999年成立，至2005年时已成为中国奶制品营业额第二大的公司，其中液态奶和冰激凌的产量都居全国第一。到目前为止，包括和林基地在内，蒙牛乳业集团已经在全国16个省区市建立生产基地20多个，拥有液态奶、酸奶、冰激凌、奶品、奶酪五大系列400多个品项，产品以其优良的品质荣获"中国名牌""民族品牌""中国驰名商标""国家免检"和"消费者综合满意度第一"等荣誉称号。目前也是中国最具价值品牌之一。

（二）蒙牛企业文化的特色

（1）董事长的座右铭：小胜凭智，大胜靠德；认真做事，诚信做人。

（2）公司的宗旨：为每一个消费者的身心健康提供优质奶食品。

（3）公司的事业定位：百年蒙牛，强乳兴农，做一个致力于人类健康的牛奶制造服务商。

（4）公司的使命：①为国家创建一个具有国际竞争力的卓越企业；②为民族创建一个具有百年发展力的世界品牌；③为提升消费者的健康品质服务；④为员工搭建实现人生价值的平台。

（5）公司战略目标：不断开拓进取、坚持科学发展、努力创新、整合全球有效资源，把公司办成中国和世界乳品业的领先企业。

（6）公司的发展战略：科学管理，确保质量，拓宽市场，提高效益。以品质优势、服务优势去赢得市场及品牌优势，努力把公司办成享誉全球的"百年蒙牛"。

（7）公司的承诺：

对消费者：提供绿色乳品、传播健康理念。

对客户：合作双赢、共同发展。

对股东：高度负责、长效回报。

对员工：教育培训、成就人生。

对社会：依法经营、强乳兴农、保护生态、回馈大众。

（8）公司的企业精神：精诚团结、勇于拼搏、学习创新、追求卓越、与时俱进、报效祖国。

（9）公司的用人原则：公开、公正、公平；有德有才破格重用，有德无才培养使用，有才无德限制录用，无德无才坚决不用。

（10）公司的管理理念：用文化凝聚人心，用制度驾驭人性，用品牌成就人生。

（11）公司的追求：培养一流的员工，建设一流的队伍，使用一流的设备，实行一流的管理，生产一流的产品，提供一流的服务，塑造一流的品牌。

（12）公司的管理方针：服务、协调、指导、监督、考核。其中：

服务——上级为下级服务、机关为基层服务、上道工序为下道工序服务、员工为客户和消费者服务。

协调——协调企业与政府，企业与兄弟单位，企业内部门之间、员工之间的关系。

指导——整体上的指导、业务指导，不越级管理。

监督——对下属部门和人员进行全方位、全过程的监督和检查。

考核——实行全员、全方位考核，并同工资挂钩。

（13）公司的质量目标：产品出厂合格率达100%。

（14）公司产品的特点：卫生、天然、纯净、优质、新鲜、健康、时尚。

（15）公司企业文化的精髓：

1）讲诚信，上级对下级讲诚信；下级对上级讲诚信；企业对客户和消费者讲诚信；企业对政府讲诚信；企业对合作伙伴讲诚信；人与人之间讲诚信。

2）与自己较劲，发现问题先从自己身上找原因，进行自我超越。

（16）蒙牛"前管理"理念：一切机遇，都在来临前把握；一切隐患，都在爆发前铲除；一切竞争，都从设计时开始。

（17）公司员工行为规范：遵纪守法，廉洁自律，服务周到，语言文明，爱岗敬业，照章操作，质量第一，精益求精，艰苦奋斗，厉行节约，仪表端正，讲究卫生，团结同志，诚实守信，爱护公物，讲究公德，齐心协力，共建文明。

（18）用渗透法让企业文化深入人心。完善的制度和坚强的组织保障、领导者以身作则、持之以恒的理念渗透和潜移默化为蒙牛企业文化的实施提供了有效保障。蒙牛公司采取的渗透法见表6-1。

表6-1　蒙牛公司采取的渗透法

方法类别	具体操作
教育法	企业理念确定之后，对全体员工进行宣传、教育、培训，使员工对企业理念有全面、准确的认识
环境法	将企业理念视觉化，把企业理念做成匾额、条幅或海报、壁画等，把抽象的理念具体化、形象化，使之在企业环境中充分反映。蒙牛还将企业理念渗透与企业的各种活动，如与庆祝仪式、表彰会、宣讲比赛、智力竞赛、大型文化等相结合，通过这些对企业理念进行具体、生动的宣传，让员工喜闻乐见，寓教于乐，使经营理念根深蒂固、经久不息，引导员工的个人和群体行为
象征法	把企业的文化理念变成生动活泼的寓言和故事进行宣传，如通过非洲大草原上"狮子与羚羊"的故事体现出了"物竞天择，适者生存"的大自然法则，给企业、员工以危机感
榜样法	通过先进人物等理念化身的榜样示范，鼓舞、启迪、教育、调动职工积极性，培育团队精神，增强企业向心力

案例讨论6-1　蒙牛的"全盲定律"

蒙牛认为，由于每个人的视野都是有限的，总有自己看不到的地方，因此，在决策中，大家全都是"盲人"，全都扮演着"盲人摸象"里的某个角色——只知其一其二，不知其三其四——从总裁到门卫，无一例外。因此，每个人都需要借助别人的眼睛来延长自己的"视线"。

【思考】

该案例给我们什么启示？

（三）点评

蒙牛的企业文化个性特色明显，领导重视真抓，组织机构健全，文化体系比较完整，员工参与程度较高，文化传播手段好，并有必要的资金保证和企业文化人才的培养，从而有效地发挥了文化力在生产经营管理活动中的导向、激励、凝聚、沟通协调的功能，使蒙牛成为我国乳制品行业中，具有品牌优势、市场竞争力和公众信誉的领先者。

三、海尔企业文化

（一）背景资料

海尔是全球领先的整套家电解决方案提供商和虚实融合通路商，1984年创立于青岛，张瑞敏是海尔的主要创始人。创业以来，海尔坚持以用户需求为中心的创新体系驱动企业持续健康发展，从一家资不抵债、濒临倒闭的集体小厂，发展成为全球最大的家用电器制造商之一。2015年，海尔全球营业额1 887亿元，利润180亿元，同比增长20%，从2007年开始，海尔连续九年利润复合增长率在30%以上，是营收复合增长率的5.5倍。

2016年6月22日，世界品牌实验室发布了2016年（第十三届）中国500最具价值品牌排行榜，海尔集团连续十三年蝉联家电行业第一品牌，品牌价值同比提升50.4%。

（二）海尔企业文化的具体特点分析

1．海尔企业文化的核心是创新

海尔企业文化是在海尔三十余年发展历程中产生和逐渐形成的特色文化体系。海尔企业文化以观念创新为先导、以战略创新为方向、以组织创新为保障、以技术创新为手段、以市场创新为目标，伴随着海尔从无到有、从小到大、从大到强、从中国走向世界，海尔企业文化本身也在不断创新、发展。员工的普遍认同、主动参与是海尔企业文化的最大特色。

人的成熟，在于思想的成熟。企业家的成熟在于实践经验基础上形成的理念体系。一切成功的企业家都是经营哲学家。著名经济学家艾丰为《张瑞敏如是说》一书写序，题目就是《不用哲学看不清海尔》。艾丰用哲学恰到好处地评价了张瑞敏。张瑞敏是走上哈佛讲坛的第一位中国企业家，以海尔的卓著业绩和精辟的经营理念让世界认识了中国企业与成功的海尔企业文化。这一事件在中国企业管理史上具有重要历史意义，它说明，中国企业只要创新，同样也可以在企业管理方面为世界做出贡献。

2．发展观念

（1）"人人是人才，赛马不相马"。当下缺的不是人才，而是出人才的机制。管理者的责任就是要通过搭建"赛马场"为每个员工营造创新的空间。赛马机制具体而言，包含三条原则：一是公平竞争，任人唯贤；二是职适其能，人尽其才；三是合理流动，动态管理。在用工制度上，实行一套优秀员工、合格员工、试用员工"三工并存，动态转换"的机制。在干部制度上，海尔对中层干部分类考核，每一位干部的职位都不是固定的，届满轮换。海尔人力资源开发和管理的要义是，充分发挥每个人的潜在能力，让每个人每天都能感到来自企业内部和市场的竞争压力，又能够将压力转换成竞争的动力，这就是企业持续发展的秘诀。

（2）授权与监督相结合。海尔制定了三条规定：在位要受控，升迁靠竞争，届满应轮岗。

"在位要受控"有两个含义：一是干部主观上要能够自我控制、自我约束，有自律意识。二是集团要建立控制体系，控制工作方向、工作目标，避免犯方向性错误；控制财务，避免违法违纪。"升迁靠竞争"是指有关职能部门应建立一个明确的竞争体系，让优秀的人才能够顺着这个体系升上来。让每个人既感到有压力，又能够尽情施展才华，不至于埋没人才。"届满应轮岗"是指主要干部在一个部门的时间应有任期，届满之后轮换部门。这样做是防止干部长期在一个部门工作，思路僵化，缺乏创造力与活力，导致部门工作没有新局面。对于年轻的干部，轮岗制还可增加锻炼机会，成为多面手，为企业今后的发展培养更多的人力资源。

（3）人材、人才、人财区分使用。张瑞敏对何为企业人才进行了分析，他提出企业里的人才大致可由低到高分为如下三类：

人材——这类人想干，也具备一些基本素质，但需要雕琢，企业要有投入，其本人也要有成材的愿望。

人才——这类人能够迅速融入工作、能够立刻上手。

人财——这类人通过其努力能为企业带来巨大财富。

对海尔来说，好用的人就是"人才"。"人才"的雏形，应该是"人材"。这是"人才"的毛坯，是"原材料"，需要企业花费时间去雕琢。但在如今堪称"生死时速"的激烈的市场竞争中，没有这个时间。"人才"的发展是"人财"。"人才"是好用的，但是好用的人不等于就能为企业带来财富；作为最起码的素质，"人才"认同企业文化，但有了企业文化不一定立刻就能为企业创造价值。光有企业文化还不行，还要能为企业创造财富，这样的人方能成为"人财"。

无论是经过雕琢、可用的"人材"，还是立刻就能上手的、好用的"人才"都不是海尔的最终目的；海尔要寻求的是能为企业创造财富和价值的"人财"！只有"人财"才是顶尖资源！来了就可以为企业创造财富、创造价值！

案例讨论6-2 从"黄脚印"到"绿脚印"

6S 是海尔本部实行多年的"日事日毕，日清日高"管理办法的主要内容。"6S 大脚印"是海尔在加强生产现场管理方面独创的一种方法。6S 大脚印是海尔管理中的一大特色，在海尔每一个车间都可以看到 6S 大脚印，它是一块约 60 平方厘米的图案，红框白地上印有两个比普通人的脚都要大两圈的绿脚印，脚印的正上前方高悬着 6S 标语："整理、整顿、清扫、清洁、素养、安全。"海尔生产车间，在开班前、班后会的地方，有两个大脚印，如果有谁违反了 6S 中的任意一条，工作有失误或表现不佳，下班开会的时候，就要站到大家面前的这两个脚印上，自我反省，由负责人说明情况并批评教育。会议结束大家都走后，站脚印的人在得到负责人的允许后方可离开。这种基于羞耻文化心理的管理制度通过"负激励"，有效地规范了员工的行为。"正激励"则是，每日当班表现优秀的员工也要站在脚印上介绍自己的先进经验，把好的工作方法同大家分享。

在 1998 年前，海尔 6S 大脚印的颜色是黄色的，只有当班工作出了问题的员工才站到大脚印上进行反省，接受班长的批评。这种激励方式对海尔的管理曾经起到非常重要的作用，因为制度公平，就事论事，以改进工作为目的，所以受到员工的普遍接受并逐渐成为一种自觉的行为。海尔的管理人员后来把黄脚印改为绿脚印，鼓励当天工作表现好的员工站在上面，介绍个人的先进经验，同时工作出了问题的员工也站在上面，大家认为那是勇于承认错误的表现。

【思考】

该案例说明了什么问题？

（三）点评

在海尔总部 12 楼企业文化展览墙的序言里这样写道："我们怀有一个梦想，中国应有自己的世界名牌，龙的民族应有龙的脊梁。我们怀有一个梦想，海尔要创出中国的世界名牌，让炎黄子孙在世界挺起胸膛。"铿锵有力的誓言，壮怀激烈的梦想，唤起海尔人强烈的责任感、使命感。他们把创世界名牌同振兴民族精神联系起来，是海尔取得成功的保证，也是为企业赢得赞誉的法宝。

海尔的企业文化包含在创新之中。独特的企业文化使海尔有了一个人人只争朝夕、奋发向上的局面，海尔企业文化是一种价值观，它营造的是一种精神、一种力量、一种源自全体员工内心的精神和调动全体员工智慧的力量。

第三节　中国企业文化存在的问题

一、中国企业文化建设的认识误区

20 世纪 90 年代以来，随着我国改革开放的进一步深入，在引进外资、引进国外先进技术和管理的过程中，企业文化作为一种管理模式也被引入我国的企业中。一时间，许多企业都风起云涌地搞起了企业文化，在全国掀起了企业文化的热潮。有些企业模仿外资企业管理和企业文化的一些形式，如热衷于搞文艺活动、喊口号、统一服装、统一标志，有些企业还直接请广告公司做形象设计。但是，由于多数企业忽略了在这些形式下面的内涵和基础，因此就给人一种误导，似乎企业文化就是企业开展的文化活动或企业形象设计。在此期间，也曾有学者对企业文化建设过程中出现的问题表示过担忧，他们提出了企业文化理论与实践、企业文化建设的误区等问题，但是，这些问题在当时并未能引起足够的重视。现在，当我们回过头来冷静地思考时，就不难看出中国企业文化建设过程中所走入的几个误区：

（一）注重企业文化的形式，忽略企业文化的内涵

在中国企业文化建设过程中最突出的问题就是盲目追求企业文化的形式，而忽略了企业文化的内涵。企业文化是将企业在创业和发展过程中的基本价值观灌输给全体员工，通过教育、整合而形成的一套独特的价值体系，是影响企业适应市场的策略和处理企业内部矛盾冲突的一系列准则和行为方式，这其中也凝结了在创业过程中创业者集体形成的经营理念。将这些理念和价值观通过各种活动和形式表现出来，才是比较完整的企业文化。如果只有表层的形式而未表现出内在价值与理念，这样的企业文化是没有意义的、难以持续的，不能形成文化推动力，对企业的发展产生不了深远的影响。

（二）将企业文化等同于企业精神，使企业文化脱离企业管理

有些企业家认为，企业文化就是要塑造企业精神或企业的圣经，而与企业管理没有多大关系。这种理解是很片面的。有学者曾经指出，企业文化就是以文化为手段，以管理为目的，这种理解是有一定道理的。因为企业组织和事业性组织都属于实体性组织，它们是要依据生产经营状况和一定的业绩来进行评价的，精神因素对企业内部的凝聚力、企业生产效率及企业发展固然有着重要的作用，但这种影响不是单独发挥作用的，它渗透于企业管理的体制、激励机制、经营策略之中，并协同起作用。企业的经营理念和企业的价值观是贯穿于企业经营活动和企业管理的每一个环节和整个过程中的，并与企业环境变化相适应，因此不能脱离企业管理。

（三）将企业文化视为传统文化在企业管理中的直接运用

这种观点认为企业文化就是用文化来管理企业，如有些企业家认为应该用儒家学说或用老子学说来管理企业。这些学说作为中国文化的思想代表用于指导企业管理和企业经营理念，应该说具有中国特色，但问题的关键在于如何用传统文化来把握当代人的心理，来把握迅速变化的市场需求，来调整对中国员工的工作激励。这需要找到适当的切入点，找准其中具体的联系。例如，中国传统文化中强调对家庭的归属，突出以人为本、知人善用等，将这些文化因素和传统思想应用于企业管理，营造一个充满情感、和谐共存的文化氛围，在这样的氛围中可以实现人与社会的共存，人与自然的和谐。中国的传统文化思想中充满了哲理与思辨，可谓左右逢源，在用于指导企业管理实践中时，需要将其操作化为具体的行为准则和经营理念。另外，中国传统文化中也有许多不利于企业创新和企业发展的因素，如小富即安、枪打出头鸟等，这些都是抑制企业创新的隐形杀手。又如，人情交往是中国人最主要的交往方式，许多企业家长期依赖于由人情交往所编织的社会关系网即社会资本，而不把重点放在企业创新上，认为这样也能赚到钱，这样下去会逐渐形成对关系的依赖，而削弱企业自身的创新能力。这种现象的盛行固然有其社会的原因，但是随着体制改革的进一步深入，社会资本伸展的空间越来越狭小，市场竞争的游戏规则越来越规范，那些津津乐道于依赖社会资本的企业被打垮、被击败就在所难免。所以要慎重区分传统文化中的积极因素和消极因素，企业文化不是对社会文化的玩赏，而是用文化的氛围和文化价值去管理企业，为企业、为社会创造价值。

（四）忽视了企业文化的创新和个性化

企业文化是某一特定文化背景下该企业独具特色的管理模式，是企业的个性化表现，不是标准统一的模式，更不是迎合时尚的标语。但是实际中，许多企业的企业文化，方方面面都大体相似，缺乏鲜明的个性特色和独特的风格。其实，每一个企业的发展历程不同，企业的构成成分不同，面对的竞争压力也不同，所以其对环境做出反应的策略和处理内部冲突的方式都会有自己的特色，不可能完全雷同。同样属于日本文化，索尼公司的企业文化强调开拓创新，尼桑公司的企业文化强调顾客至上；同样属于美国文化，惠普公司的企业文化强调对市场和环境的适应性，IBM 公司的企业文化强调尊重人、信任人，善于运用激励手段。这说明，企业文化是在某一文化背景下，将企业自身发展阶段、发展目标、

经营策略、企业内外环境等多种因素综合考虑而确定的独特的文化管理模式。因此，企业文化的形式可以是标准化的，但其侧重点各不相同，其价值内涵和基本假设各不相同，而且企业文化的类型和强度也都不同，正因如此才构成了企业文化的个性化特色。

二、中国企业文化建设面临的主要问题

（一）企业领导人对企业文化建设的必要性认识不足

不少企业经营者只重视制度、纪律、产量、产值、营业额、利润等管理项目，对于以人为核心、以理性为特点的企业文化认识不足，认为只要员工遵守厂纪、厂规，完成工作定额就可以了，不注意从人的思想深处挖掘人的积极性、主动性和创造性，从而丧失了企业更好的发展良机。

（二）将企业文化建设等同于思想政治工作

中国企业改革已经进行了几十年，但由于历史和体制原因，在实际工作中，我们的企业文化建设大都由政工部门负责，因而在广大员工中形成一种对于企业文化的错误认识，认为搞企业文化建设就是做思想政治工作，使员工对它产生抵触情绪。殊不知，企业文化建设实际上是一种企业管理活动，它的内涵远比思想政治工作宽泛，它不仅针对员工，同时也针对企业经营者，是企业的黏合剂、催化剂。

（三）将企业文化建设抽象化、运动化、肤浅化

首先，一些企业在进行企业文化建设时，不先对什么是企业文化进行一番深入、细致研究、学习，只是凭主观的想象，认为搞企业文化建设就是提出几个抽象、空洞的口号，写出几个标语。可是这些口号往往既不反映本企业的特点、特色，又不能与员工的理想、抱负产生共鸣，从而成为一种只供外人参观的装饰品、点缀物，这就把企业文化抽象化了。其次，就是将企业文化建设当作运动来搞，"一阵风"一拥而上，"风一过"一哄而散，而没有意识到企业文化建设是一项艰巨而长期的工程，需要企业的全体员工付出长期艰巨的努力。再次，将企业文化建设等同于举办文体活动。在不少企业，建设企业文化就是搞文体活动，如举办几场球赛、放几场电影、搞几次文艺演出等。这些活动固然算作企业文化建设的一个方面，但将它等同于企业文化建设，就把企业文化建设大大肤浅化了。

（四）肤浅诠释企业文化就是规章制度

不少管理者认为，只要把规章制度制定出来，汇编成册，下发班组，每月或每季乃至每年按此考核，兑现奖惩，企业文化建设就大功告成。因此，许多企业不惜人力财力，或千里迢迢到外面收集规章制度，回到家里稍加改动或一字不动就成了自己的东西；或组织一帮人闭门造车、撰写成文，然后拿到环境幽雅的去处一番会审，隆重推出，如此这般就是企业文化建设。

（五）在企业文化建设中忽略人的作用

企业文化建设的核心是要把人的积极性和创造性激发出来，让企业的每一个员工都尽

可能地将自己的最大潜能释放出来，以便使整个企业充满朝气与活力。但是，在我国目前的一些企业中，企业文化建设成为了一种机械、古板的日常管理教育活动，多的是说教、灌输、强化和例行公事，忽视了对人的关心、尊重和重视，种种做法弱化了企业文化的功能和作用，使企业文化建设流于程序化。

（六）将企业文化全盘西化

中国加入 WTO 后，许多西方管理理论大量被中国企业采用。西方企业管理理论能否在中国运用，能否适合中国国情，一个主要的判断标准就是它能否融入中国民族文化之中。什么管理理论都可以引进，就是企业文化不能全盘引进吸纳。因为企业文化是基于民族文化的根基之上，任何先进的管理模式如果不能与当地文化结合，就会水土不服。文化的差异已经是当今影响跨国管理的重要因素。只有将管理融入民族文化的精髓之中，发扬传统民族文化的精华，选择与借鉴和民族文化深层结构有互补或一致的内容，才能创造出适合中国国情的企业文化模式。因此，中国的企业文化不是模仿和照搬西方企业的精神内涵，而是学习它们如何执着地将企业核心价值观转化为企业员工行为的做法。只有中国人的精神才是中国企业文化的支柱，也只有基于中华民族文化的企业文化才是中国的企业文化。

第四节　中国企业文化的建设

中国企业文化良莠并存，尽管优秀进步文化明显占上风，但是仍处于传统与现代、进步与保守、先进与落后等矛盾冲突的不稳定状态，没有形成自己的稳定的模式。认识并解决企业文化的冲突，重塑与再造中国特色企业文化，必须把传统文化放在举足轻重的位置。传统民族文化是企业文化的价值母体，是企业文化的根，中国的企业文化建设要继续从丰富多彩的民族文化中汲取营养。企业理念取材于民族传统，并不是"照单全收"，而是要结合时代精神，赋予其新的内涵，丰富其内容。我们要善于扬弃，去其糟粕，弘扬优良传统，从中找到推进企业文化进步的强大精神动力。

一、发扬团体利益为重的团体意识和群体精神，加强团队文化的建设 ↻

在现代化社会生产中，凝聚力和向心力对企业的生存发展至关重要。儒家思想作为一种伦理规范，经过调整，使之与现代经济运行机制相协调，可以在培养企业的群体意识上发挥重要作用，使得企业内部人人都能恪尽职守，人人具有主人翁思想和意识，从而形成企业内部的和谐风气和团队精神。可以说，中国传统文化所强调的集体主义观念在现代企业文化中得以灵活地延伸和发展，它主要表现为强烈的团队意识。在现实的企业竞争环境下，团队力量的发挥已经成为赢得竞争胜利的必要条件。团队理念能否发挥好，直接影响企业能否充满活力和可持续发展。建立高效的团队就必然要求高效团队文化的支持。中国的企业管理者应根据企业的经营理念，并结合我国社会文化的传统及现状，建立起支持团队目标的团队文化。

二、倡导以人为本，深信价值之源内在于人心的人本思想，突出人本管理

孟子的"仁者爱人"，老子的"域中有四大（道天地人），而人居其一焉"，管仲的"夫霸王之所始也，以人为本"等，都是对人本思想的较早诠释。人本精神在中国传统文化中一直占据十分重要的地位，但是人本主义管理在我国的企业文化中没有受到足够关注，其建设也还处于萌芽阶段。在知识经济时代，企业之间抢占人才制高点早已在业内形成共识，创建人本主义的员工队伍更是所有企业家的共同心声。在所有的企业要素中，人是最关键的。员工是企业的核心和支柱，是企业文化建设的主体，企业文化就是企业员工的文化。人本主义管理理念是一种先进的管理理念，也是未来企业管理的必然趋势，坚持人本主义文化理念是企业兴衰成败的关键之所在。中国当代企业要在更高的程度上意识到人本管理的重要性，把员工的价值与利益放在首位，创造真正以员工为核心和载体的企业文化。

三、在注重人与人关系谐调的同时，提倡人与自然的和谐，积极引入生态文化

中国传统文化注重以"和"为贵，它包括两层含义：第一层指人与人之间的关系讲求和谐；第二层含义则是人与自然的关系要达到和谐统一。道家、儒家思想中都明确提到"天人合一"的人与自然相融合的观点。在当代企业中，我们往往注意到人际关系的重要，而相对容易忽视人与自然这个层面，也因此付出了一定的代价。随着社会经济的发展，现代化生产技术的引用，如何协调人与自然的关系，走可持续发展之路，显得迫切而重要。这就要求我们的企业注重生态文化。生态文化是一种研究人与自然关系的新型的管理理论，企业在生产经营中要保护自然、顺应自然规律。企业文化的培育，在诸多方面要与生态文化相结合，这样才能更好地维护环境，减少末端治理的代价；同时能够通过"绿色浪潮"提高产品的生态含量，更好地满足现代消费者需求。生态文化融入企业文化后，不仅可以扩大企业文化外延，而且有利于企业树立良好形象。

四、发扬谦虚好学的传统美德，推动学习型组织的建设发展

"善思而好学""学而不倦"的精神品格在我国传统文化中始终闪烁着光辉。在现代社会，学习的含义越来越丰富，范围也越来越宽广，学习的重要性更是得到一致认可。随着知识经济的到来，学习与创新已经成为企业文化的主旋律。未来企业唯一持久的竞争优势就是有能力比自己的竞争对手学习得更快，并在企业内部形成一种不断创新的思想意识和文化氛围。建设有中国特色的企业文化，必须吸收外国文化的先进成果，并在此基础上进行变革和创新。事实证明，当今世界最成功的企业是学习型组织，它业绩最佳、竞争力最强、生命力最旺、最具活力。日本企业就是依靠学习外来先进文化而取得了飞速发展。当代中国企业要充分意识到学习对组织持续发展至关重要，在新经济环境中发展学习型组织，通过多方面的学习借鉴使企业获得强大的发展动力，以求更新更快的发展。

五、博采传统文化的其他多种优秀的、有特色的内容，并将之灵活融入当代企业文化建设中

中国优秀传统文化成果对当代企业文化的现实价值体现在方方面面,它能够为构建企业价值体系、培育企业精神及企业建设提供丰富的思想资源。在建设有中国特色企业文化中，要对传统文化的优秀成果大力发掘、借鉴与弘扬,将积极进取、勇于探索的精神，脚踏实地的求实精神以及朴实无华的民族性格引入到企业文化当中,可以在企业内形成活泼又不失沉稳的环境氛围,有助于我国企业在保持民族优秀特质的同时,吸纳最新的现代化理念。传统文化所倡导的变革图强、追求自由、追求社会进步的民族责任感和爱国主义情怀及自强不息、吃苦耐劳、艰苦奋斗的民族性格,对于培育当今的中国企业文化仍然具有重大意义,它对私欲过度膨胀、唯物质利益至上的不良社会风气能起到纠正作用,促使企业的发展上升到为国为民的高度,走上健康发展轨道;将传统民族文化中具有鲜明特色的内容如讲诚信、求完美、重深度等以多种形式融入企业文化的广告、品牌、价格、营销等方面,并不断予以选择、创新,展现文化的延展性与可塑性,打造东方文化的优势与魅力。

深刻认识并设法把中国优秀的民族文化传统融入现代企业文化模式之中,中国的企业文化才有特色,才有生命力。当然,建设有中国特色的企业文化,要从中国的国情和文化背景出发。在继承中华民族优秀文化传统的同时,要体现时代精神,符合社会主义精神文明的要求,并勇于借鉴国外优秀企业的成功经验,逐步建立适应于改革开放需要和现代化进程的中国式企业文化。

本 章 小 结

本章介绍了中国的特色企业文化,主要以中国企业为研究对象,在讲述企业文化的特点,分享优秀企业文化案例的同时也挖掘出其企业文化建设中存在的问题,并有针对性地提出中国企业文化建设的建议。

通过本章内容的学习,读者能够更加全面地了解中国特色的企业文化,并能够对中国企业文化建设提出相应的建议,进而促进企业的发展。

同 步 测 试

一、单项选择题
1. 以下不属于儒家文化思想的是（　　）。
　　A. 仁爱　　　　　　　　　　B. 中庸之道
　　C. 因材施教　　　　　　　　D. 无为而治
2. 以下不属于优良传统文化的是（　　）。
　　A. 诚信　　　　B. 忠诚　　　　C. 奸猾　　　　D. 谦逊
3. "得人心者得天下"是（　　）的观点。
　　A. 荀子　　　　B. 墨子　　　　C. 孔子　　　　D. 孟子

二、多项选择题

1．企业文化建设存在的问题有（　　　　）。

　　A．全盘西化　　　　B．肤浅化　　　　C．形式化　　　　　D．口号化

2．以下属于中国传统文化对企业文化积极影响的是（　　　　）。

　　A．民族精神　　　　B．民本思想　　　　C．思维方法　　　　D．企业伦理

3．属于海尔观点的是（　　　　）。

　　A．赛马不相马　　　B．斜坡球体论　　　C．OEC模式　　　　D．人单合一

三、简答题

1．中国传统文化对企业文化有哪些方面的影响？

2．中国文化建设的特点是什么？

3．谈谈海尔企业文化与中国传统文化的渊源是什么？

4．中国企业文化建设中存在的认识误区有哪些？

5．中国企业文化建设的主要问题有哪些？

四、案例分析题

同仁堂企业文化

1669年（清康熙八年），乐显扬在自家创办同仁堂药室。他尊崇"可以养生可以济世者唯医药为最"，把创办药室作为济世养生的高尚事业，这就注定了同仁堂日后必将声誉鹊起。

（1）质量观。同仁堂文化质量观形成原因有两个：一个是同仁堂人的自律意识。历代同仁堂人恪守诚实敬业的药德，提出"修合无人见，存心有天知"的信条，制药过程严格依照配方，选用地道药材，从不偷工减料，以次充好。另一个是同仁堂的外在压力，就是皇权的压力，为皇宫内廷制药来不得半点马虎，稍有差池就有可能导致杀身之祸。

历代同仁堂人坚持"配方独特、选料上乘、工艺精湛、疗效显著"四大制药特色，生产出了众多疗效显著的中成药。同仁堂在抓质量方面，主要从以下几方面入手：第一，对职工进行传统质量教育和道德教育；第二，形成了一整套适应现代化生产需要的质量管理制度，建立了三级质量管理网，实施了"质量一票否决权"；第三，工装、工艺、专业设备及产品质量检测的现代化水平不断提高。

（2）信誉观。同仁堂的创业者尊崇"可以养生，可以济世者，惟医药为最"，把行医卖药作为一种济世养生、效力于社会的高尚事业来做。

（3）形象观。同仁堂历代传人都十分重视宣传自己，树立同仁堂形象。例如：利用朝廷会考机会免费赠送"平安药"、冬办粥厂夏施暑药、办"消防水会"等。

（4）人才观。同仁堂从创业之初的小作坊发展成为现代化企业集团，始终与发挥人才的作用密不可分。无论在历史，还是在当今，同仁堂都出现过许多既精通医药理论，又善于经营管理的专家型人才。

（5）人和激励观。从古至今，同仁堂都保持着一个非常突出的特色，这就是讲礼仪与重"人和"。古老的同仁堂明显突出了"人和"与"亲善"色彩。如今的同仁堂，继承了历史上讲人和的好传统，并把它上升为一种增强企业凝聚力的新内容，从多方面创造出符合现代企业发展的良好环境：以关心人、理解人、尊重人为原则；以"人和"为特色；

以关心职工的物质文化生活为内容，营造日益改善的生活环境；以塑造企业形象为重点，形成良好的物质环境；以提高职工综合素质为目标，形成特色突出的文化环境。

（6）创新发展观。同仁堂从最初的作坊店发展到今天的集团公司，从民间验方、宫廷秘方到高科技含量的中药产品，从丸散膏丹到片剂、口服液、胶囊剂等多种剂型，三百余年的历史无不渗透着同仁堂文化的创新发展观。

【思考】

请分析一下同仁堂企业文化中的特色？

【提示】在同仁堂三百余年的企业发展历程中，形成了独特的同仁堂文化。中华民族悠久的传统文化和美德，熔铸于企业的生产经营和职工的言行之中，形成了有中药行业特色、独具魅力的同仁堂文化。济世养生的创业宗旨，同修仁德的敬业精神，货真价实的职业道德，讲礼仪重人和的行为规范，代代相传，成为同仁堂不断成长，永续经营的立业之道。传统文化理念与现代文明相融合，形成了同仁堂更具时代穿透力、内涵更具丰富的现代"诚信"文化，这种诚信文化必将进一步推动同仁堂在打造产品品牌、企业名牌、行业名牌的道路上阔步前行。

职 业 实 训

【实训目的】实地企业参观和访谈。

【实训要求】联系一家有中国特色文化的企业作为参观对象；可以以小组为单位，也可以以班级为单位；每人准备一份企业文化访谈提纲；参观并用照片记录与企业文化有关的事物；找到相关人员进行访谈。

【实训成果】每位同学提交一张最具代表性的照片，根据照片内容阐述与企业文化的联系；整理访谈记录，总结该企业文化建设的特点；提交参观与访谈心得体会。

第七章
跨文化管理

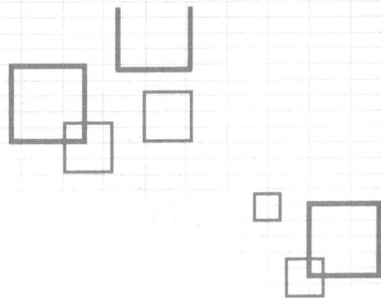

学习目标

⊃ **知识目标**

1. 掌握跨文化管理的内涵
2. 了解企业文化国际化的趋势

⊃ **能力目标**

1. 掌握日本、美国及欧洲各国企业文化的特点
2. 明确各国企业文化的差别，尤其是东西方企业文化的差别

第一节　跨文化管理的内涵

引导案例

三星集团的跨文化管理

　　三星集团是韩国最大的跨国企业集团，同时也是上市企业全球 500 强。三星集团包括众多的国际下属企业，旗下子公司有：三星电子、三星物产、三星航空、三星人寿保险等，业务涉及电子、金融、机械、化学等众多领域。

　　早在 1992 年，三星集团就开始进军中国。那时主要以战略合作为主，依靠中国丰富低价的劳动力资源，建立生产制造基地，三星集团在消费者眼中也沦为低质廉价的产品。2000 年开始做战略调整，舍弃低端市场，提高产品的科技含量，努力推行高端产品，树立三星集团的时尚数码品牌形象，提升品牌价值，并将研发、生产、营销的全过程都在中国进行，即实现所谓的"当地完结型"模式。三星领导人认识到："未来将是亚洲的时代，作为亚洲的核心——中国已经成为国际型企业决胜全球的战略要地。"

　　为了更好地利用和发挥中国的人才优势，三星集团在中国设立了研发基地——三星电子中国通信研究所及博士后工作站。三星集团还与清华大学和北京邮电大学签署共同培养博士后的协议，并在中国多所大学设立三星集团奖学金。培养并吸纳富于智慧、勇于挑战、开拓进取的创新型人才，为三星集团人才体系提供了强有力的保障。为了让中国员工和韩国员工一样为三星集团效忠，三星集团进行了卓有成效的跨文化培训。除了比较学习中韩文化的差异和三星集团的企业文化外，公司还经常选派中国员工到韩国三星集团总部学习、进修，总部也经常选派高层领导来视察指导，给中国员工上一堂跨文化培训课。三星集团的人才本土化战略为三星集团注入了更多的新鲜元素，更好地了解中国人的消费习惯及中国市场的需求，进而更方便开拓中国市场。

【思考】

三星集团对企业文化的重视体现在哪些方面？

一、跨文化管理的概念

跨文化管理又称为"交叉文化管理"，即在全球化经营中，对子公司所在国的文化采取包容的管理方法，在跨文化条件下克服异质文化的冲突，并据以创造出企业独特的文化，从而形成卓有成效的管理过程。

跨文化管理的目标是要在不同形态的文化中设计出切实可行的组织结构和管理机制，在管理过程中寻找超越文化冲突的企业目标，以维系具有不同文化背景的员工共同的行为准则，从而最大限度地利用企业的潜力与价值。全球化经营企业只有进行了成功的跨文化管理，才能使企业的经营得以顺利运转，竞争力得以增强，市场占有率得以扩大。

二、跨文化管理的策略

（一）本土化策略

本土化策略即根据"思维全球化和行动当地化"的原则来进行跨文化的管理。全球化经营企业在国外需要雇用相当一部分当地员工，因为当地员工熟悉当地的风俗习惯、市场动态以及其政府的各项法规，并且与当地的消费者容易达成共识。雇用当地员工不仅可节省部分开支，更有利于其在当地拓展市场、站稳脚跟。

（二）文化相容策略

根据不同文化相容的程度可分为以下两种策略：

1. 文化的平行相容策略

这是文化相容的最高形式，习惯上称之为"文化互补"。即在国外的子公司中不以母国的文化作为主体文化。这样母国文化和东道国文化之间虽然存在着巨大的文化差异，但却并不互相排斥，反而互为补充，同时运行于公司的操作中，可以充分发挥跨文化的优势。

2. 隐去两者主体文化的和平相容策略

管理者在经营活动中刻意模糊文化差异，隐去两者文化中最容易导致冲突的主体文化，保存两者文化中比较平淡和微不足道的部分。使得不同文化背景的人均可在同一企业中和睦共处，即使发生意见分歧，也容易通过双方的努力得到妥协和协调。

（三）文化创新策略

将母公司的企业文化与国外分公司当地的文化进行有效的整合，通过各种渠道促进不同的文化相互了解、适应、融合，从而在母公司文化和当地文化的基础之上构建一种新型的企业文化，以这种新型文化作为国外分公司的管理基础。这种新型文化既保留着母公司企业文化的特点，又与当地的文化环境相适应，既不同于母公司的企业文化，又不同于当地的文化，而是两种文化的有机结合。这样不仅使全球化经营企业能适应不同国家的文化环境，而且还能大大增强竞争优势。

（四）文化规避策略

当母国的文化与东道国的文化之间存在着巨大的不同，母国的文化虽然在整个公司的运作中占主体地位，可无法忽视或冷落东道国文化的时候，由母公司派到子公司的管理人员，就应特别注意在双方文化的重大不同之处进行规避，不要在这些"敏感地带"造成彼此文化的冲突。在宗教势力强大的国家更要特别注意尊重当地的信仰。

（五）文化渗透策略

文化渗透是个需要长时间观察和培育的过程。跨国公司派往东道国工作的管理人员，基于其母国文化和东道国文化的巨大不同，并不试图在短时间内迫使当地员工服从母国的管理模式。而是凭借母国强大的经济实力所形成的文化优势，对子公司的当地员工进行逐步的文化渗透，使母国文化在不知不觉中深入人心，使东道国员工逐渐适应这种母国文化并慢慢地成为该文化的执行者和维护者。

（六）借助第三方文化策略

跨国公司在其他的国家和地区进行全球化经营时，由于母国文化和东道国文化之间存在着巨大的不同，而跨国公司又无法在短时间内完全适应由这种巨大的"文化差异"而形成的完全不同于母国的东道国的经营环境。这时跨国公司所采用的管理策略通常是借助比较中性的，与母国的文化已达成一定程度共识的第三方文化，对设在东道国的子公司进行控制管理。用这种策略可以避免母国文化与东道国文化发生直接的冲突。例如，欧洲的跨国公司想要在加拿大等美洲地区设立子公司，就可以先把子公司的总部设在思想和管理比较国际化的美国，然后通过在美国的总部对在美洲的所有子公司实行统一的管理。而美国的跨国公司想在南美洲设立子公司，就可以先把子公司的总部设在与国际思想和经济模式较为接近的巴西，然后通过巴西的子公司总部对南美洲其他的子公司实行统一的管理。借助第三国文化对母国管理人员所不了解的东道国子公司进行管理，可以避免资金和时间的无谓浪费，使子公司在东道国的经营活动可以迅速有效地取得成果。

总之，全球化经营企业在进行跨文化管理时，应在充分了解本企业文化和国外文化的基础上，选择自己的跨文化管理模式，使不同的文化得以最佳结合，从而形成自己的核心竞争力。

案例讨论 7-1　摩托罗拉公司的跨国战略

摩托罗拉公司成立于1930年，最早生产汽车收音机与音响，后来发展到无线对讲、宇航通信。摩托罗拉文化的核心是：为用户提供品质超群、价格公道的产品和服务，满足社会的需要；企业也在这一过程中获得收益，不断发展壮大，从而为员工和股东提供实现各自合理目标的机会。

精诚公正、以人为本、跨文化管理中的本土化，这是摩托罗拉三位一体的核心理念。

在摩托罗拉跨文化管理战略中，本土化和当地化是核心战略。摩托罗拉在华投资取得成功的一个重要原因就是向中国转让世界领先的技术，并积极推进技术研究和开发的本土化和当地化。摩托罗拉在华投资的合资企业和设在天津的生产基地，均引进了其先进技术设备和一流产品。

摩托罗拉公司在中国开展了一系列技术合作项目，在这一系列合作中，跨国文化交流与融合对企业的发展起到了巨大的推动作用，使跨国合作的势头生机勃勃、蒸蒸日上。例如：与清华大学合作建立了"摩托罗拉北京亚洲制造研究中心"，该中心是其美国本土外的一个生产技术研究实验室；与中国科学院下属的国家智能计算研究中心合作建立"高级计算机及通信技术合作实验室"，主要从事高级计算机技术的开发研究；与联想集团合作建立"联想—摩托罗拉研究中心"，从事计算机研究；与西安大唐电信公司合作，研究与开发码分多址（CDMA）系统和交换系统；建立杭州摩托罗拉移动电话用户机有限公司和杭州摩托罗拉移动电话系统有限公司两家企业，引进其世界领先的技术，生产 CDMA 移动电话的系统设备和用户手机。这是中国最早的 CDMA 合资企业，也是摩托罗拉公司在美国境外第一家 CDMA 工厂。

建立研究机构和开设工厂，从事合作项目研究和研制，既有利于中国研究机构和企业学习国际先进的研究开发程序，接触国际新的技术；也有利于摩托罗拉公司在电子计算机和软件研发、开发方面得到中国技术人员的协助；更有利于两国技术人员、两种文化的交融，促进双方深入世界前沿的信息技术并将科研成果市场化。

【思考】
摩托罗拉是如何开展跨国战略的？

第二节　日本企业文化

一、日本企业文化整体介绍

日本是一个资源相当贫乏的国家。第二次世界大战结束后，日本经济严重受损，工业和商业极度萧条。然而，战后短短几十年时间里，日本经济高速发展，横扫全球。日本企业也获得广泛的赞誉，终身雇佣制和集体主义成了国际企业的样板。可当日本经济陷入"低落的十年"之时，日本企业又因为创新匮乏和反应迟钝成为被批判的靶子。不过，迄今为止，在世界 500 强排行中，日本企业仍然比比皆是；在几乎所有重要的行业中，都能看到著名日本企业的影子。

与创新叛逆、雷厉风行的美国企业文化相比，日本企业文化有其自身的特色，这既是日本企业称雄世界的原因，也是约束日本企业进一步发展的枷锁。

案例讨论 7-2　丰田的企业文化

丰田成立于 1938 年，总部位于爱知县丰田市。

丰田的成功经验是：积集人才，善用能人，重视职工素质的培养，树立良好的公司内部形象。

丰田的人力资源管理中非常重视企业教育。作为企业文化和人力资源管理结合中的一部分，丰田的企业教育，取得了很大的成果，也在管理中得到了证实。丰田对公司新参加工作的人员，有计划地实施企业教育，把他们培养成为具有独立工作本领的人。这种企业教育，可以使受教育者分阶段学习，并且依次升级，接受更高的教育，从而培养出高水平的技能集团。丰田的总裁曾做了这样的回答："人事管理和文化教育的实质是，通过教育把每个人的干劲调动起来。"丰田教育的基本思想就是以"调动干劲"为核心。

个人接触和"前辈"制度。丰田为了让新参加工作的员工熟悉新环境，曾提出了"热情欢迎新员工"的课题，在这方面，采取了"个人接触"的形式，做法是选出一位前辈，把他确定为新参加工作的员工的"专职前辈"，任职期间一般为6个月，担负着对所有事情的指导工作，这种做法产生了很好的效果。

"丰田的真正力量在于它的学习能力。它的雇员注意思考问题，为用户着想，这正是丰田生机勃勃的企业文化的源泉。"丰田的企业文化与人力资源管理的结合，创造了丰田文化，也同时创造了丰田的工业奇迹。

【思考】
丰田的案例给我们什么启示？

二、日本企业文化特征

（一）实施"企业以人为本"与"员工以企业为家"相统一，注重建设"人企合一"的发展团队

日本企业在企业文化建设中把"企业以人为本"与"员工以企业为家"统一起来，努力构建命运共同体，实现了企业和员工的共同发展。20世纪90年代，日本泡沫经济破灭，经济处于缓慢增长期，即使在企业面临各种困难的情况下，日本企业仍然坚持以年功序列制为主的分配模式，较好地保持了员工队伍的稳定，增强了企业的凝聚力。为使员工能更好地接受企业的经营哲学，成为企业集团的一分子，日本大多数企业从员工一进入公司就开始精神上和技能上的培训，但最重要的是使员工在思想上和企业融为一体。

（二）积极倡导企业使命与社会责任相统一，以建立和谐的文化环境和氛围

企业的社会责任是近年来世界各国企业界和理论界关注的热点问题之一。日本企业把履行社会责任放在非常重要的位置，并在企业文化建设中积极倡导。把企业使命与社会责任统一起来，成为日本企业文化发展的一个趋势。

松下电器创始人松下幸之助在创业之初就定下了自己的经营理念，他在接受记者采访时，曾经直言不讳地说："赚钱是企业的使命，商人的目的就是赢利。"但他同时又说："担负起贡献社会的责任是经营事业的第一要件。"松下幸之助认为，经营的第一理想应该是贡献社会。正是这种崇高的信念支起了松下电器的今天。"自来水经营哲学"是松下电器最基本的经营理念，相当于宪法中的总纲，松下幸之助的经营信念即在于此："如果一切东西都像自来水一样，能够随便取用的话，社会上的情形就将完全改变了。我的任务就是制造像自来水一样多的电器，这是我的生产使命。尽管实际上不容易办得到，但我仍要尽力使物品的价格降低到最便宜的水准。生产的目的，不外乎丰富人们日常生活的必需品，以充实生活的内容。这也是我生平最大的愿望，让电器成为人们生活的必需品。"

（三）努力做到文化传承与文化创新相统一，培育支撑企业实现持续发展的文化力量

创新精神也体现在日本的各行各业中，当然这同日本政府的相关政策是密不可分的，特别体现在国家对技术研发的财政拨款上，据统计，日本创新研究费用占 GDP 的比重已经超过美国，目前已经达到 3%左右。其中，用于技术和产品创新的费用，仅占 1/3 左右，而绝大部分费用花在了对现有产品和现有技术的改造、改进上。这也说明了日本人创新的一个态度：对于任何一个产品，一定要挖掘出其最大价值，在某一个领域中，不成为该领域最优秀的企业誓不罢休。强大的科技投入，是发展关键技术的基本保证。

索尼公司是亚洲以至全球电子科学技术含量最高的企业之一。它有着自己独特的一套营销理念："不做客户想要的东西，而做能帮助客户的东西。"创造需求的观念是索尼公司在营销上的创新：作为以电子产品为主营业务的公司，产品创新是公司的生命，当然索尼公司不仅做到了，而且做到了世界前列。

（四）尝试"文化融入"与"生产实践"相统一，形成文化与管理相融共进的良性发展

日本企业非常重视"企业文化真正成为企业发展的内在动力"。将企业文化融入生产实践，按照"内化于心、固化于制、外化于形"的建设步骤，促进企业文化与企业管理相融共进。"内化于心"，就是把企业确定的共同愿景、核心价值观深深根植在广大员工心中，通过组织宣传和学习，使广大员工对企业文化全面认同，并能够准确诠释。"固化于制"，就是把企业文化建设与建立行为规范体系和完善制度体系结合起来，把企业文化的基本理念体现到经营管理的各个环节，用完善的制度、机制来反映文化理念，将企业价值理念和已取得的文化建设成果用规章、制度固定下来，执行下去，使制度文化的刚性约束与观念文化的柔性疏导相辅相成。"外化于形"，就是企业的核心价值观、制度文化、行为文化等均能在企业整体环境中感知并接触到，即企业中的一景一物、一草一木均能反映本企业文化的特色。

（五）注重把"产品"宣传与"文化"经营相统一，培育企业新的经济增长点

企业文化建设负有宣传产品、塑造企业形象的职能，日本在此基础上赋予企业文化建设新的功能，在宣传产品的同时，开始经营"文化"，加大对顾客满意（CS）的建设。CS战略在日本企业已经被广泛实施。有的企业在经营理念中提出"洞察下一个需求，创造新的价值"，就是深入到顾客的内心深处，去发现连顾客自己也还没察觉的需求和愿望，并将其变为具体的商品和服务提供给顾客，给顾客以惊喜，继而创造新的需求。

案例分析 7-1　任天堂让世界充满微笑

这是一家始终坚持做游戏产品的公司，它百年的存在就是为了给人们带来"娱乐"；这是一家命运多变的公司，在百年的发展历程中遭遇了多次灭顶之灾；这也是一家深谙游戏精髓的公司，它的产品深深影响了一代人；它就是任天堂。其创始人山内溥1949年就任社长时，任天堂还只是一家生产传统日本纸牌和扑克的企业。他曾经说过："一步之前就是黑暗处，命运任由上天决定，只要努力做好眼前的事就行。"这也是任天堂

公司名字的由来。继承家业的内山溥一接受公司就转产新式玩具，不断开发各种新产品，不久又向电子产品领域进军。

今天的任天堂技术在同行中已经不再是翘楚，但是它的游戏依然受到越来越多人的欢迎，依然能给人带来童年时的快乐。究其原因，主要在于任天堂将玩家的体验放在最重要的地位，这也是它面对越来越先进技术和配置时能够笑傲游戏行业的独门秘籍。众所周知，索尼的游戏理念是：绚丽的画面、复杂的操作、精美的动作设计，对于资深玩家来说，这些特质确实是他们梦寐以求的。但对于索尼来说，这些也是致命的：为了追求最新、最高端的技术和3D画面表现，很多软件开发商动辄耗资千万美元甚至上亿美元，在这种状况下，有不少公司都无法承受成本压力。

同时，当更多玩家对复杂的游戏望而却步，进而转向容易上手的游戏时，这正是任天堂需要的机会。任天堂也不负众望，它注重游戏的可玩性，《马里奥》《精灵宝可梦》等游戏的销量动辄上千万套。

【点评】

坚持就是胜利，当然，适当的改变也是发展的必需。任天堂能够认清客户的需求，并专注在某一方面实现客户想要的体验，这就是成功。

第三节　美国企业文化

一、美国企业文化特征介绍

企业文化理论的最初实践者是日本企业家，但作为一种先进而完善的理论体系又是美国人总结和建立的。它为美国的企业管理革命提供了理论依据。从世界范围看，美国和日本的管理水平和企业的文化建设都是走在前列的，但由于文化传统和现实情况的不同，两国的企业文化又有各自的特点。美国是一个年轻的国家，从建国到现在只有不到300年的历史，文化根基很浅，没有僵化的传统。美国也是一个移民国家，各国移民带来的各国文化以个体的方式加入美国社会，经过优胜劣汰的选择和不同民族文化的融合，形成了具有鲜明特征的美利坚民族文化和民族性格。

（一）个性自由与勇于创新

在美国，维护自己独特个性的愿望受到鼓励。美国人的行为模式是我行我素，个性自由是建立在个人独立思考的基础上的。正是这种强调个性的文化和善于思考的习惯，培养了美国人的进取精神和创新精神，因此也形成了推崇创新的企业文化。美国的家文化也倡导和支持个性独立。即使非常有钱的家庭，子女也绝不依赖家庭来求得事业的发展。只能在经济拮据时向父母借钱，并立下偿还字据。这也表明，美国人的个性自由和独立是从幼小时期就培养的。正是如此，美国人知道自己的人生要靠自己去拼搏，自己的幸福要靠自己去创造，而不能依靠他人。我们在影视、小说中看到的美国西部大开发的情景，大都是一个牛仔背着枪骑着马去寻找、开创自己的新天地，生动形象地展现了美国民族追求个性独立与自由的文化，并由此而形成了美国人的独立意识、创新精神。

（二）信奉功利主义

个性自由与独立，必须建立在实力主义的基础上。美国人非常崇尚实力主义，大胆追求基于个人实力基础上的功利主义。为了实现个人的功利，美国人具有极强的学习欲望，美国的教育也适应人们的这种价值需求，高度重视培养学生的个性与实力。美国造就了众多世界大师级精英，大多数诺贝尔奖花落美国；许多原创性的自然科学、社会科学理论源于美国；在管理领域，既出世界级的大企业，也出世界级的管理学大师。美国人喜欢自己设置目标，并敢于为竞争目标承担全部责任。如果成功，希望得到认可；倘若失败，则愿意接受处罚。成功了会继续向更新、更高的目标攀登；失败了决不气馁，总结经验教训从头再来。美国企业正是适应人们追求功利主义的心理和行为，把鼓励冒险、宽容失败、激励成功作为公司重要的价值观之一，这也是美国企业创新的成功之道。美国公司的员工认为，公司不仅是个人谋生的场所，更是展示个人能力和实现人生事业目标的舞台。

（三）人人平等与公平竞争

平等是美国的特殊历史产物。美国在建国之初就把"天赋人权"和"人人平等"载入宪法。一般来说，美国人等级观念淡薄，阶级界限不太明显，多数为中下层阶级，大家站在同一起跑线上靠本事吃饭。具体讲，在生活上，人人有生存权利；在政治上，人人有选举权；在教育上，人人有受教育权；在宗教方面，人人有信仰宗教的权利；人人平等的另一方面就是个人选择权，主要指有选择职业的权利，做什么和不做什么，以及怎么做的权利。这种文化在企业里，首先表现为尊重个人权利，对员工的充分信任。企业为每一名员工创造公平竞争的环境，搭建充分展示个人才华的舞台，让员工在公平竞争中胜出，在成就个人的理想和事业的同时实现企业的目标。这正是美国企业文化的活力与竞争力的所在。

（四）崇尚英雄的企业家精神

个性自由并非一定导致英雄主义，但其与功利主义相结合则催生了美国人崇尚的英雄主义精神。英雄人物是人生成功的标志和象征，也是社会评价一个人价值的尺度。美国出版了大量的人物传记，尤其是企业家的传记。目的在于向世人彰显英雄形象，激发人们学习英雄，并通过艰苦拼搏使自己成为英雄。美国开国元勋华盛顿，至今仍在激励着追求梦想的美国人；亨利·福特和福特公司，托马斯·爱迪生、杰克·韦尔奇和 GE 公司，老沃顿和遍及世界各国的沃尔玛连锁店，比尔·盖茨与微软帝国等，也激发了一代又一代的美国人，去追求成功，圆英雄梦。这一点充分表现出美国文化中崇尚英雄、推崇强者的个性，所以美国的企业家文化中的英雄文化非常突出。美国人还以跨国公司为载体，将其企业家精神播撒到全世界。

正是这种崇尚英雄主义文化，在美国社会培育了企业家的创业精神。在对在校大学生的问卷调查中，美国大学生回答毕业后准备自己创办企业的比率非常高。由此不难想象，美国拥有雄厚的企业家后备军。一个要成为百年老店，基业长青的企业，也必须有适应本企业目标的英雄人物，作为引领企业员工的楷模，去追求企业目标的实现。因此，企业的英雄人物，无论是天生的还是造就的，都有其价值。英雄人物的作用对于企业的发展具有极大的导向、激励、凝聚、约束、辐射和创新功能。

案例讨论 7-3　麦当劳的成功

麦当劳是由麦克和迪克两位犹太兄弟于 1937 年创建的，起初两兄弟在洛杉矶东部的巴沙地那经营汽车餐厅，起名为麦当劳餐厅。1961 年克罗克取得了麦当劳的所有权，1965 年麦当劳股票上市，从此扶摇直上。1985 年公司营业收入 110 亿美元，仅此一年，公司在全球就开设了 597 个分店，在全美本土开设了 8 854 家分店，以平均每小时开 1 家店的速度递增。

麦当劳功成名就，羽翼丰满后，便开始进军国外市场。公司在 20 世纪 60 年代末和 70 年代初已发展到加拿大、哥斯达黎加和波多黎各等地。从 1971 年开始又发展到荷兰、德国和澳大利亚、新西兰等国。麦当劳"汉堡大学"还为外籍公司培训人才。1971 年，日本的藤田丹公司派出的 3 名女学员，回国后开办了麦当劳快餐厅，15 个月内，总共开设了 14 家分店，其营业额和利润超过了麦当劳在美国的分店，成了著名的汉堡大王。20 世纪 90 年代中期，麦当劳又登陆中国内地。

【思考】

麦当劳的成功给我们什么启示？

（五）标新立异、敢于挑战权威

美国人个性自由，凡事不因循守旧，喜欢标新立异。他们对于常识和成规绝不盲从，而是大胆质疑，对于权威不是迷信而是挑战，养成了凡事问几个为什么的习惯。美国人都非常熟悉"五 W 一 H"，即 What/Why/When/Where/Who/How，这已成了美国人的思维方式。标新立异和挑战权威，既需要有信心和勇气，又需要有知识、能力和洞察力，而且不能指望任何人的帮助。标新立异和挑战权威，绝不是唐·吉诃德大战风车式的不自量力，而是提倡敢想、敢说、敢做的精神，和善于思考、精于实践的艺术。这就是美国人的科学精神和求真务实作风，也是美国企业的精神和作风。

个性自由与勇于探索未知世界，信奉以实力为基础的功利主义，人人平等与公平竞争，崇尚英雄主义的企业家精神，标新立异、敢于挑战权威等特点，从总体上反映出美国企业文化的创新精神。当然，美国的不同企业和同一企业的不同发展阶段，其企业文化也有所不同和变化，即使在一个企业内部，因部门职能属性差异甚大，每个职能部门也都有各自的子文化。

二、美国企业文化的发展变化

美国历史学家戴维美德斯曾言："如果经济发展给了我们什么启示，那就是文化起到举足轻重的作用。"企业文化作为一种新的管理理论和方法，是美国传统管理理论和方法的继续和发展。它既有鲜明的民族性，也体现出强烈的时代精神。从发展趋势看，它有如下特点：

（一）从忽视人到重视人、尊重人的价值，发挥广大职工的积极作用

许多成功的美国企业都把面向人、尊重人、关心人放在首位，把它看作是企业成功的

关键。美国电子计算机公司 IBM 之所以能在激烈的竞争中不断取得成功，一个最重要的原因是贯彻了这一经营哲学。该公司第二代总裁小托马斯·沃森说过：尊重人、信任人是IBM 的第一宗旨。他认为只有尊重职工、信任职工，充分发挥他们的聪明才智，才能使他们竭尽全力为公司服务，保证公司不断胜利。从企业决策方式看，在美国企业中，过去管理者只考虑个人意见，很少征求同僚或下属的看法。这种决策方式有其果断、快速、高效的优点，但往往出现上下不协调，政策难贯彻的缺憾。在日本企业集体决策的启发下，不少美国企业家逐步认识到，这种独断的决策方式容易造成个人独裁，领导与工人缺乏感情交流，以及职工与企业主的对立。于是，他们改变决策方式，重视职工的民主参与，把个人决策与发挥广大职工的积极性结合起来。

从领导与职工的关系看，过去在美国的企业中，雇主和雇员纯粹是契约关系、雇佣关系，老板把工人仅仅看作是机器人、经济人和获取利润的工具。因此，老板与工人之间关系冷漠，甚至存在严重的敌对情绪。一段时间以来，一些成功的美国企业，一改昔日单纯追求利润的做法，把关心职工生活，改善劳动条件，与职工平等相处放在重要地位。IBM 为了培训职工每年投入数亿美元。为了解决职工后顾之忧，他们还为职工修建了日托中心、廉价食堂、学校等服务部门。有些美国企业为了改善劳资关系，增加亲切感，改变过去"老板""雇员"的称谓，改称"同事""伙伴""先生""小姐"之类。

（二）从着重依靠"制度管理"过渡到重视文化建设，重视管理哲学

过分强调制度、量化的刚性管理模式，容易造成人与人之间关系的冷漠，形成单纯契约关系，它使企业管理者目光短浅，见物不见人，只注意经济指标，而忽视企业的思想文化建设；它使企业与社会脱离，使企业变成单纯赢利场所。这是美国企业只注意战略、结构、制度之类"硬件"，而忽视人员、技能、作风、价值之类"软件"的必然结果。在企业文化建设中，美国许多成功的企业认识到单纯依靠制度管理的弊端，因此把企业文化建设放在十分重要的地位。不管是历史悠久的老企业，还是在硅谷新兴的高科技公司，企业文化的重要性已成为它们的共识。麦道公司总裁就说过："作为公司最高统帅，我的唯一任务就是重塑本公司文化。"IBM 总裁沃森则说："一个大的组织能够长久生存，最重要的条件并非结构形式或管理技能，而是我们称之为信念的那种精神力量。"

（三）从单纯功利主义转向注意企业的社会效益

长期以来，美国企业界功利主义十分突出。这是讲求实际、重视效率、个人主义价值观在经营管理上的反映。主要表现在企业只以财务为导向目标，忽视精神因素。许多人只讲权利，不尽义务，只要享受，不做贡献；只顾赚钱谋利，不重视社会效益；人际关系淡漠，只是一种金钱关系，很少合作和相互支持。

近年来，美国一些成功的大企业开始注意克服上述偏见，不仅把企业看作是谋利场所，而且把它看作是社会的有机组成部分，是社会财富的创造者、群众美好生活的服务者；企业不仅要注意经济效益，还要重视社会效益。IBM 的经营哲学有三条：必须尊重每一个职工，必须为用户提供尽可能好的服务，必须寻求最优秀的成绩。在这三条中，人们几乎看不到功利主义色彩，强调的是尊重、服务和优秀。

（四）从个人冒险精神转向企业创新意识，凸显竞争机制

美国企业中顽强的创新精神和激烈的竞争机制随处可见。这是美国人敢于冒险、敢于创新、乐于竞争的民族性格在企业文化中的反映。美国企业家总是在寻找新机会，探索新的管理方法。可以说，美国企业文化是"创新文化""竞争型文化"。在求新、求变的精神鼓舞下，许多成功的企业建立了良好的激励机制、竞争机制和风险机制，并以此为动力推动企业不断发展。如通用汽车公司、IBM、P&G、3M公司等成功的企业，都有意在企业中创造竞争的环境和机会，让职工们进行竞争，施展自己的才能。许多公司建立了强有力的支持竞争的系统，鼓励人们冒尖，培养和支持革新者。在这方面，风险资本起到十分重要的作用。早在1910年，美国就建立了第一家风险投资公司。20世纪60、70年代以后大量涌现。1978年以前，风险资本只有35亿美元，20世纪90年代初已达到200亿美元。美国在许多高科技领域之所以能占据领先地位，风险资本起了重要作用。许多经营高精尖产品的高科技企业，如加州的硅谷、波士顿128号公路和北卡罗来纳三角科学园区的许多企业，几乎都是靠风险资本建立和发展起来的。从一定的意义上讲，风险资本是高科技产业的催生婆。正是这种强烈的求新、求变精神和激烈的竞争机制，使许多美国企业家脱颖而出，创造了许多"世界第一"。这是美利坚创新文化长期熏陶的结果。如亨利·福特首创世界第一条大规模生产流水线；泰勒最早创建"科学管理"原理；德鲁克最先提出"目标管理制度"；通用汽车公司的A.斯隆首开现代公司管理制的先河。近年来西方世界企业文化热如大潮涌起，美国又走在这一潮流的最前面。可以说，激烈的竞争和不断的创新是美国许多成功的企业保持活力的力量源泉。在当前全球竞争空前激烈和不断变革的时代，这一精神尤为重要。

第四节 欧洲企业文化

自17世纪以来，欧洲逐渐成为世界经济中心。18世纪，欧洲爆发人类第一次工业革命，成为当时世界经济中心。但经历过20世纪的两次世界大战，欧洲逐渐衰落。欧洲推动人类历史进程贡献巨大，现代文明的很多方面均是由欧洲人奠定。欧洲的工业、交通运输、商业贸易、金融保险等在世界经济中占有重要地位，在科学技术的若干领域内也处于世界较领先地位。

欧洲绝大多数国家属于发达国家，其中北欧、西欧和中欧的一些国家经济发展水平最高，南欧、东欧一些国家经济水平相对较低。欧洲大陆有几十个国家，讲十几种语言，每个国家都有自己的文化传统。但其文化的主要来源主要是古希腊文化和基督教文化。在古希腊和基督教文化的基础上，欧洲形成了共有的文化传统。

一、欧洲文化的共性

（一）多样性与包容性

欧洲地形多样，除东欧为平坦草原外，西欧、北欧、南欧多是山地或丘陵中穿插许多

小面积平原，这使得欧洲地区形成了几十个国家，并说着十几种不同的语言；同时，由于欧洲地区靠近四大人类文明发源地中的两个，即北非和中东，这又在本已分散多样的本地文化中，加入了大量外来文化色彩，造就了今日欧洲文化多样性与包容性的特点。

（二）城邦政治造就"契约精神"

欧洲地形多样，山间小平原较多，这就使早期欧洲人口聚居点分散分布且独立性较强。久而久之，单个村庄发展为独立城市，形成了欧洲特有的"城邦政治"。与其他文明中普通人无条件服从统治精英不同，欧洲城邦政治的最大特点在于，政治生活是城邦内全体公民的共同事务，领袖人物、精英阶层和平民阶层都有权利表述与维护自身利益，但任何一方私利的实现不能以牺牲他人利益为代价，为达到社会秩序的稳定与有序，此三方势力必须相互制约，并达到一种动态平衡。也正是出于明了人类为了私利而无所不为的天性，欧洲社会便逐渐形成了以各方势力经协商后，一致认同并签字画押的书面资料作为行事准则的传统，即今人所称的"契约精神"。

（三）以人为本，立足现实

从古希腊神话中那些像凡人一样充满喜怒哀乐、被高度理想化的诸神，到古罗马社会崇尚拥有优良品德、完美个性的模范公民；从路德新教宣扬"信徒皆祭司""人人均可应信而生"，到文艺复兴绘画对完美人体的描绘，《神曲》《十日谈》等文学作品对普通市民生活的歌颂，作为中世纪后期平民阶层反抗王权与神权的精神武器，"人本主义"思想强调个体价值与人的尊严，推崇古典时期的公民责任，注重把握与享受现实生活，反对宗教"现世受苦赎罪，来世天国永生"的虚无理想，也正是因为人本主义思想击碎了王权专制与宗教思想禁锢，欧洲文化才走出了中世纪的黑暗，迎来了科学与民主的曙光。

（四）崇尚理性思辨

强调理性与科学，强调逻辑推理与分析的理性主义在欧洲有着悠久的历史和坚实的基础。早在古希腊，人们就十分注重研究自然，穷理致知，他们抬高理性，崇尚智慧，强调观察，推崇演绎。"知识乃是美德"是古希腊人的价值观念。亚里士多德把人的心灵划分为两部分：理性和非理性。理性又分为理论思考和实践演绎：理论思考是人所特有的，具有连续性，能给人带来愉悦；实践演绎在于培养人的德行，在社会中时刻注意考量自己的行为。亚里士多德认为生活的最高层次便是理性活动。到了文艺复兴乃至近代，理性主义态度和科学实验精神得到进一步发扬。新兴的资产阶级思想家把一切都拿到科学和理性面前来重新估计，宗教神学和经院哲学受到严厉的批判，"理性思辨，学以致用"成为欧洲人普遍崇尚的社会准则。

（五）彰显重商主义

由于欧洲地区可耕种土地的分散性与城邦政治"小国寡民"的特点，使得生活在一个地区的居民，很难在生活必需品上完全实现自给自足，而只有通过商业交换与贸易，才能实现互通有无，并积累财富。这就促使欧洲人十分重视商业贸易。从古希腊人、古罗马人到维京人，再到地理大发现时的意大利人和西班牙人，其后崛起的荷兰人，乃至后来的英国人，无不是依靠海外贸易积累起巨额财富，并依靠经济力量实现政治蓝图的。而欧洲重商主义的一个重要观点便是，一个国家的繁荣程度，与其所掌控自然资源数量成正比。而在一定时间中，全世界的资源总量是一定的，那么，为保证自己国家的生存或改变经济现状，就必须通过对外贸易、保护国内市场等手段不断增加自身的财富，而己方获得的相对更多的财富，就必然建立在其他地区损失的基础上，当对外贸易无法获得这些自然资源时，战争掠夺就成了必然选择。可以说，正是欧洲文化中的"重商主义"，催生了资本主义、民族主义、帝国主义和殖民主义等一系列源于欧洲地区的政治经济形态，并深刻改变了世界历史的进程。

二、欧洲企业文化特征

第二次世界大战以后，欧洲国家（尤其是西欧）经历了经济上的重建，得到了迅速发展，出现了很多经济奇迹：出口贸易大量增加，高科技成果层出不穷，众多的高质量产品越来越赢得全球消费者的信赖。究其成功的原因，除了宏观方面得益于科学技术的发展和较好的环境条件外，从微观角度看，和企业的科学管理与优良的文化传统有直接关系。欧洲地区每个国家的企业文化虽然都各有特色，呈现一种多样化的状态，但由于各国文化背景相近，经济发展过程和体制相近，市场相连，经济交往频繁，所以企业文化具有很多共同性，主要有以下几个方面的内容。

（一）理性管理传统根深蒂固

理性管理传统表现在组织结构和制度的建立、人员的配备以及经营管理的很多方面。在欧洲，企业注重建立讲求实效、灵活多样的组织机构和制度。企业组织机构的设置，随着市场情况和生产技术的变化而变化，不千篇一律，不互相模仿，不因人设事。即使是同类型的企业，机构设置也不一样。但也有共同特点，即组织严密、管理集中、讲求实效和富于理性。在人员配备上，欧洲企业要求严格，注重精干。企业的总经理、副总经理以及各部门的负责人，一般都是从有一定学历和实际经验的人员中，经过考核，择优配备的。各部门职责分工明确，一级对一级负责，讲求工作效率。对一些重要部门的管理者要求更高，如研究与发展部、销售部等，均由能力很强的人掌管，甚至由总经理、副总经理直接兼任。作为企业的一个总经理或副总经理，不仅要在生产技术上有专长，在管理上也必须是行家。在经营及对外交往关系的处理上，欧洲企业也显得理性十足。经营中严守法律，坚守信用；对外谈判往往一丝不苟，严肃认真，讲理性，讲效率。

（二）研究开发与创新精神

欧洲各国企业和产品竞争力强，是同这些国家和企业十分重视研究开发和产品创新分不开的。政府和企业都把研究开发当作一项生死攸关的战略任务来抓。研究开发的主要内容是产品更新和技术更新。产品更新和技术更新是互动的，技术更新是产品更新的前提，产品更新又推动技术更新，从而使企业不断开发出新产品，占领和开辟新的市场。在欧洲各国中，不少国家制定相应的政策，支持企业的研究与开发。

案例讨论 7-4　奔驰：品质制胜

奔驰创建于 1883 年，是德国最大的汽车制造公司，素以生产"梅赛德斯奔驰"汽车闻名于世。公司产品从一般的小轿车到大型载重汽车，以及各种运输车、大轿车、多用途拖拉机、越野车等无所不及。在美国《财富》杂志全球 500 家最大企业排行榜中，该公司常年位居前列。

奔驰的成功与技术创新，特别是大胆而科学地进行管理创新、质量意识创新是分不开的。创新使奔驰领导汽车业发展的潮流，为顾客提供走在时代前列的创新产品。正因为奔驰始终领先，才保证了其持续的辉煌。奔驰汽车流行的口号是："以创新求发展，不断推陈出新。"

梅赛德斯汽车显赫的声誉，除了基于它的可靠性，它在赛车比赛中显示出的实力也起了很大的作用。1894 年，巴黎举办了首次"无马车辆"比赛，在巴黎和里昂之间的公路上，驶向终点的 4 辆车有一个共同点，都安装有戴姆勒发动机。

【思考】

从案例中，我们看到奔驰能够成功的因素是什么？

（三）全球意识和战略眼光

欧洲各国自然资源并不丰富，出口贸易在经济中占有十分重要的地位。这使欧洲各国企业特别注重在世界市场上的竞争，着眼于世界市场的经济战略。为了保证企业全球战略计划的实现，很多欧洲企业在确保卓越质量的基础上，还非常重视产品在全球的推广和销售。如德国的许多企业都设有强有力的推广和销售机构，在国内外设有庞大的销售网。一些大型企业和跨国公司，还按地区和国家设立销售部。从事多品种生产的国际企业，则按照产品设置销售机构。这些企业一般都很重视销售人员的培训，普遍建立了销售人员培训制度，受训者不仅要上销售专业课，还要参加基础课学习和生产实习，经过考试合格后才能担任销售工作。

（四）参与文化

重视参与管理与欧洲文化中的人文精神、追求民主和自由的精神是密切相关的。在欧洲许多国家中，政府用法律形式规定了员工在企业中应该发挥的作用。如德国法律规定，凡 2 000 人以上的企业，必须成立监督委员会（相当于美国企业的董事会），凡 5 人以上的企业必须成立工人委员会，前者要由工人选举产生，后者要有一半工人代表参加。荷兰法律规定，雇佣工人超过 100 人以上的企业必须要有工人议会。法国和瑞典都规定雇佣工人超过 50 人必须要有工人议会，以此保证工人参与管理。

本 章 小 结

本章主要介绍了日本、美国及欧洲各国企业文化的特点，并通过企业的案例去强调熟悉各国文化对企业经营的重大作用，同时也给中国企业跨文化经营管理指明了方向。

同 步 测 试

一、单项选择题

1. 跨文化管理又称为（　　　），即在全球化经营中，对子公司所在国的文化采取包容的管理方法。

　　A．速成文化管理　　　　　　　　B．统筹文化管理

　　C．兼顾文化管理　　　　　　　　D．交叉文化管理

2. 下列企业中属于日本企业文化的代表的是（　　　）。

　　A．丰田公司　　　　　　　　　　B．通用公司

　　C．奔驰公司　　　　　　　　　　D．联想公司

二、多项选择题

1. 不属于欧洲文化特性的是（　　　）。

　　A．多样性与包容性　　　　　　　B．城邦政治造就"契约精神"

　　C．以人为本，立足现实　　　　　D．崇尚"感性思辨"

2. 推行"重商主义"的国家有（　　　）。

　　A．英国　　　　　B．荷兰　　　　　C．西班牙　　　　　D．日本

三、简答题

1. 简述美国企业文化的特征。

2. 日本企业文化与美国企业文化有何不同？

3. 跨文化管理策略有哪些？

职 业 实 训

【实训目的】通过本次职业实训学生能充分了解不同国家企业文化的相关知识，并能够分析由各个国家的社会文化差异导致的企业文化差异，最终达到学生合理思考和周密分析问题能力的目的。

【实训要求】学生 6～8 人为小组，分工收集不同国家的企业信息，并从企业文化的角度去加以分析。具体操作要求如下：

（1）确定各组国家（各组均选择不同的国家，如中国、美国、德国、英国、法国、日本、加拿大等）。

（2）组内分工搜集选定国家的某一企业信息（企业信息可以包含：企业精神文化、制度文化、行为文化、物质文化四个要素）。

（3）各组制作 PPT，并负责将其内容讲述给同学们。

【实训成果】教师根据以下标准给予各组学生评定：①能够准时完成；②案例中包含企业文化的四个要素；③案例内容上丰富，能够进行文化熏陶和渗透；④PPT 讲解到位。

参 考 文 献

[1] 王震. 时代需要跨文化管理[J]. 中国人力资源开发, 2015 (19):3.

[2] 张玉霞. 探究日本传统文化与日本企业管理制度的关系[J]. 才智, 2015 (14).

[3] 魏小军. 跨文化管理精品案例[M]. 上海：上海交通大学出版社, 2014.

[4] 郑兴山. 跨文化管理[M]. 北京：中国人民大学出版社, 2014.

[5] 崔宁. 浅析企业文化与人力资源管理[J]. 中国商贸, 2012 (6).

[6] 陈笛. "霍桑实验"对企业文化建设的启示[J]. 商场现代化, 2010 (27).

[7] 薛静. 美国中小企业的发展及其对我国的启示[J]. 科技情报开发与经济, 2016 (13).

[8] 李岩清, 于春田. 管理学基础[M]. 北京：科学出版社, 2014.

[9] 陈爱祖. 管理学[M]. 北京：清华大学出版社, 2013.

[10] 韩瑞. 管理学原理（国际思考·本地行动·中国案例）[M]. 北京：中国市场出版社, 2013.

[11] 邵学全. 软化制度的企业文化管理[J]. 中国工业评论, 2015 (11).

[12] 赵永杰. 基于企业家精神的动态能力生成机理研究[J]. 东北财经大学, 2011.

[13] 杜传忠, 郭树龙. 经济转轨期中国企业成长的影响因素及其机理分析[J]. 中国工业经济, 2012 (11)：97-109.

[14] 陈雪萍. 从创业家到企业家——中国民营企业掌门人成功的路还有多远[J]. 企业管理, 2013 (5)：26-28.

[15] 艾春. 组织文化模式研究综述[J]. 经济师, 2013 (7)：183.

[16] 吉姆·柯林斯, 杰里·波勒斯. 基业长青[M]. 真如, 译. 北京：中信出版社, 2002.